THETA HEALING™ RİTİM

İDEAL KİLONUZA ULAŞIN

NEMESİS KİTAP / Kişisel Gelişim
Yayın Numarası: 412

ThetaHealing Ritim Vianna Stibal
İdeal Kilonuza Ulaşın

Kitabın Özgün Adı: ThetaHealing Rhythm for Finding Your Perfect Weight
Çeviren: Begüm Karace

Yayın Yönetmeni: Serap Çakır Özcan
Editör: Mustafa Güdük
Düzelti: Merve Mumcu
Kapak Uygulama: Cem Özcan
Sayfa Düzeni: Tülay Malkoç

ISBN: 978-605-2164-11-2
Baskı: Mart 2025

Nemesis Kitap:
Gümüşsuyu Mah. Osmanlı Sok. Osmanlı İş Merkezi 18/9 Beyoğlu/İstanbul
Tel.: (0212) 222 10 66 info@nemesiskitap.com • www.nemesiskitap.com
Sertifika No: 49065

Baskı ve Cilt:
MY Matbaacılık San. ve Tic. Ltd. Şti
Maltepe Mah. Yılanlı Ayazma Sk. No: 8/F Zeytinburnu / İstanbul
Tel: 0212 674 85 28
Sertifika No:47939

THETA HEALING™ RİTİM

İDEAL KİLONUZA ULAŞIN

THETAHEALING'İN KURUCUSU

VIANNA STIBAL

Çeviren: Begüm Karace

NEMESİS
KİTAP

İÇİNDEKİLER

ÇEVİRMENİN NOTU

ThetaHealing Tekniği ile tanışmamın üzerinden geçen yıllar içinde; düşüncelerimde, duygularımda ve hayatımda bir sihirli değnek dokunuşunu andıran güzelliklerle karşılaşmış olmam, bana bu kitapların çevirisini yapıp, bu bilgi ve felsefeyi anadilimi konuşanlarla paylaşmak konusunda en büyük motivasyonum oldu.

Bu kitabı ve bunun öncesinde olan *ThetaHealing-Sıradışı Bir Enerji Yaklaşımına Giriş* ve *İleri ThetaHealing* kitaplarını en faydalı ve verimli şekilde okuyabilmek için, yaşadığımız bu hayatı daha yüksek bir pencereden izleyebilmeye gönüllü olarak başlayabiliriz. Bu sayede hem kendi hayatımızı hem de yaşadığımız dünyanın genelini daha iyiye götürmek mümkün olabilecektir.

Günümüzde, özellikle teknolojinin gelişmesi ve bu sayede de hayatı yaşama hızının artması sonucunda; madde ve maneviyat veya beden-zihin-ruh olarak bir bütün olduğumuzu göz ardı eder bir hâle geliyoruz. Maddeye ve günlük yaşamın telaşına bu doğal kapılma durumu, sürekli bizde "bir şeylerin eksikliği", "yokluğu" duygusunu; bu yoksunluk da öfkeleri, kavgaları, savaşmaları getiriyor. Dinler ve inançlar, doğru olduğunu düşündüğümüz şekliyle, toplumlarımızda kutuplaşmalara, ayrılıklara, büyük ölçekte savaşlara sebep oluyor. Ya inançlarımıza sımsıkı sarılıyor ya da tüm inançlardan vazgeçip küsüyoruz.

Aslında hepimiz, ismine ne dersek diyelim, Yüce Yaradan Güçle, her gün defalarca ve durmadan konuşuyoruz. En çaresiz hissettiğimiz anda, işler kontrolden çıktığında, sevdiğimiz biri için endişe ettiğimizde manevi bir güçten destek almak için dudaklarımızdan "dua" denebilecek sözcükler ve dilekler bazen farkında bile olmadan dökülüyor. Kitapta, kendi zihnimiz içinde konuşurken ve imgelerken "Yaratan", "Yaratıcı" "Her şeyi Yaratan", "Var Olan Her Şeyin Yaratıcısı" gibi pek çok terimle karşılaşacaksınız. Vianna Stibal'in bu terimleri özellikle kullanmakta olduğunu düşünüyorum. Bu sayede, inancımız ne olursa olsun, hangi dine inanıyorsak inanalım ya da takipçisi olursak olalım ya da olmayalım, bu hepimizde aynı şekilde aynı enerji ile bağlantı kurmamızı sağlıyor. Bu farklı terimleri kullanmanın sayesinde aramızda farklı inançlar sebebiyle durduğunu düşündüğümüz duvarları kaldırarak; her dinden, her inançtan, her kültürden, her gelenekten gelen insanların bir araya gelmesi mümkün olacaktır.

ThetaHealing bir ibadet şekli değildir. Herkes ibadetini bildiği en "iyi", en "yüce" ve en "doğru" şekilde yapmaya devam ederken, bu meditasyon tekniği ve işlemleri sayesinde yaşamının sorumluluğunu alarak, istediği yönde değiştirme/iyileştirme şansı bulabilecektir.

Sevgi ve şükranla,

Begüm Karace

GİRİŞ

Bir gün, iç gözlem yaparken: "Harika bir şifa tekniğim var. Beni kalp problemlerimden kurtardı. Beni tümörden kurtardı. İlişkilerimde, ailemde, gelişimimde defalarca bana yardım etti. Peki kilom söz konusu olduğunda kaçırdığım şey nedir?" dedim.

Ve birden ilahi cevap şu şekilde geldi: "Vianna, sana egzersiz yapmadan kilo verebileceğini söyleyen herkes sana bir şey satmaya çalışıyor. Egzersiz yapmalısın!"

Kelimenin tam anlamıyla mesajı aldım ve egzersiz yapmaya başladım.

Bir süre sonra mesajın gerisi geldi: "Her gün egzersiz yapamasan da, beynin her gün egzersiz yaptığını düşünmeli."

Böylece, bilinç dışı zihninizi ve *Var Olan Her Şeyin Yaratıcısı*'nı kullanıp inançlarınızı değiştirerek nasıl ideal kilonuza gelebileceğinizi sizlerle paylaşacağım.

BU KİTAP NASIL KULLANILMALI?

Bu kitap, *ThetaHealing*™, *İleri ThetaHealing*™ ve *ThetaHealing Hastalıklar ve Bozukluklar*™ kitaplarımın eşlikçisidir. *ThetaHealing* kitabında okuma, şifalandırma, inanç çalışması, his çalışması, kazma, gen çalışması süreçlerini adım adım açıklıyorum ve yeni başlayanlar için varoluş seviyelerine giriş ve ek bilgiler veriyorum. *İleri ThetaHealing* kitabı, inanç çalışması, his çalışması ve kazma için derin rehberlik sağlıyor ve varoluş seviyeleri ile benim spritüel gelişim için çok önemli gördüğüm inançlara bir anlayış getiriyor. *ThetaHealing Hastalıklar ve Bozukluklar* kitabı, benim bazı hastalıklar ve bozukluklarla ilişkilendirdiğim programların ve inanç sistemlerinin ve şifalandırmaya değer gördüğüm sezgisel algıların, sezgisel çarelerin ve ek besinlerin taslağını çiziyor.

Bu kitabı tam olarak kullanabilmek için *ThetaHealing* kitabında açıklanan süreçlerle ilgili bilgi sahibi olmak gerekiyor. Theta beyin dalgasını kullanmanın fiziksel, psikolojik ve spiritüel iyileşmeyi gerçekleştirdiğini düşünüyorum. Zihnimiz saf theta dalgasında olduğunda Her Şeyin Yaratıcısı ile odaklanmış dua aracılığıyla iletişime geçiyoruz. Almak üzere olduğunuz harika bilgiyi bize veren Yaratıcı'dır. O, benim ve diğer pek çok insanın hayatını değiştirdi.

ThetaHealing süreçlerine aşina değilseniz ve bu programa katılmak istiyorsanız, bölgenizde ThetaHealing uygulayıcıları veya öğretmenleri bulmanızı tavsiye ederim. Bilgili olduklarından ve onlarla rahat hissedeceğinizden emin olun ve onlarla bir dizi inanç çalışması yapmaya başlayın. İhtiyacınız olan sonuçları alamıyorsanız, daha deneyimli bir Theta Healer deneyebilir ya da bizzat kendiniz bir ThetaHealing uygulayıcısı olabilirsiniz. İnanç çalışması doğru yapılırsa, sonuçları görürsünüz.

Çalışma ve pratikle, herkes –Tanrı'ya veya her şeyin içinde bulunan öze inanan herkes– ideal kilosuna kavuşabilir. Bu teknikle ilgili tek mutlak şart budur: Bir yaratıcıya, bir Tanrı'ya, *Her Şeyin Yaratıcı'*sına temel inancınızın olması gerekir. Yaratıcı'nın pek çok farklı isminin olduğunu biliyorum –birkaç örnek vermek gerekirse: Tanrı, Buda, Şiva, İlah, Yüce Ruh, Yehova ve Allah. ThetaHealing'in dinle bağı yoktur ve çoğu inanç sistemiyle uyumludur. Süreçleri, yaşa, cinsiyete, ırka, renge, mezhebe veya dine özel değildir. Yaratıcı'ya ya da var olanın özüne inanan biri ThetaHealing ağacının dallarına erişebilir ve kullanabilir.

Yine de, bu programın, belli sağlık sorunlarının neden olduğu obezite problemi yaşayanlar için uygun olmayabileceğini dikkate alınız. Tıbben obez olanlar, herhangi bir egzersize ya da diyete başlamadan önce doktorlarına başvurmalıdırlar. Aşırı obez birinin değişik bir plana ihtiyacı olabilir ve kişinin öncelikle nitelikli bir sağlık personeli tarafından tetkik edilmesi gerekir. Sağlık sorunları nedeniyle aşırı kilolu olan biriyle olduğu kadar, egzersiz yapmadığı için aşırı kilolu olan biriyle de empati kurabildiğimi eklemek istiyorum.

Bu program çok önemli sağlık sorunları olmayanlar ve tembel olmayan ancak her gün düzenli egzersiz yapamayacak kadar yoğun olanlar için uygundur. Yine de bazı bölümleri obezler için faydalı olabilir. Ayrıca, anoreksiya nervoza (yeme bozukluğu), bulimia ve diğer psikolojik şartlar nedeniyle zayıf olan kişiler için de faydalı olacağına inanıyorum.

ADIMLAR

Bu program için her biri önemli 5 adım var.

1. İnanç Çalışması

İlk adım, sizi ideal kilonuzdan alıkoyduğunu fark edebileceğiniz inançlarınız üzerinde çalışmanızdır. Her 4,5–9 kiloluk kayıpta, örneğin, zayıflama nedeniyle sinirli olduğunuzu fark edebilirsiniz. Aynaya bakıp panikleyebilir, korkabilir, stresli olabilir ve sadece komik hissedebilirsiniz. Neden bu şekilde hissettiğiniz veya bu hislerin nereden geldiği hakkında hiçbir fikriniz olmayabilir. Ya da, daha önceden bu kiloda olduğunuz zamanı hatırlayıp, o dönemdeki sorunlarınızın yeniden belirdiğini görebilirsiniz. Bu kaçak hislerin durdurulması ve temizlenmesi gerekiyor.

2. Gıda Takviyeleri

Gıda takviyeleri kolay kilo vermek için tavsiye edilir. Başlıcaları omega-3 yağ asitleri, elma sirkesi, alfa lipoik asittir.

Gıda takviyesi almakla ilgili kendinizle yaptığınız her mücadelede, temizlenmesi gereken bazı inançlarınızla da mücadele ediyorsunuz.

Kilo kaybı için ayrıca parazit temizliği de yapmak isteyebilirsiniz.

3. Kalp Şarkısı

Kalp şarkısı, bu program için son derece önemlidir. Atalarınızdan gelen genetik programları bu çalışmayla serbest bırakmak, nasıl hissettiğinizle ilgili büyük bir değişim yaratacak ve sizi yalnızca fiziksel olarak değil, genel olarak da hafifletecektir.

İlginçtir ki insanlar sürecin bu kısmını yapmaktan kaçınmaya çalışırlar. Ortaya çıkacak acıdan korkuyor olabilirler veya bu fikri tamamen yorucu buluyor olabilirler. Yine de, bu çalışmayı tamamlamak kilo vermeye başlamak için çok önemlidir.

4. Kutsamak ve Daha Az Yemek

Yiyeceğinizi kutsamak ve daha az yemek de çok önemlidir. Yiyeceğinizin düşmanınız değil, dostunuz olduğunu bilin.

5. Egzersiz Yapmadan Egzersiz Yapmak

Egzersiz yapması gereken insan bedeninde yaşıyoruz. Bu hayatın bir gerçeği. Ancak, bu programın sonunda bir sırrı açığa çıkartacağım: (çok fazla) Egzersiz yapmadan egzersiz yapmanın bir yolu. Çok az egzersiz yapmak zorunda olacaksınız ancak hile ile, bilinçaltınız çok fazla egzersiz yaptığınızı düşünecek. Zihninizin bunu sizin için yapması kilo vermek için ne kadar eğlenceli bir yol!

Kilonuzla savaşmak zorunda kalmadığınızda hayatınız kolaylaşır. Bu programa bir şans verin ve ne olacağını görün. Pek çok ThetaHealing uygulayıcısı, bana gönderilen maillerin teyit edebileceği şekilde harika sonuçlar elde etti.

İlginç sonuçlardan biri de aşırı zayıf olup bu programa başlayan kişilerin programı kullandıktan sonra hayatlarının her alanında çok iyi hissetmiş olmalarıdır.

Bu program anoreksia veya bulimiası olan insanlarla da çalışmanın güzel bir yoludur çünkü egzersiz yaptıklarında sadece iyi hissetmekle kalmamış, ayrıca hayatlarının kontrolünü sağladıklarını da hissetmişlerdir. Bu tarz özel insanlar için kontrol ve yapılandırma çok önemlidir.

Şunu not etmenizde fayda var; bu bilgiyi sizinle paylaşıyor olsam da kullanılmasıyla meydana gelebilecek değişikliklerin sorumluluğunu kabul etmiyorum. Sorumluluk sizindir. Bu sorumluluk, kendi hayatınızın yanı sıra başkalarının hayatlarını değiştirecek güce sahip olduğunuzu fark ettiğinizde üzerinize aldığınız bir sorumluluktur.

1

GÜZEL BİR BEDEN

Bilmeniz gereken ilk şey, herkesin güzel olduğunu düşündüğümdür. Hepimiz kendi özel şeklimizle mükemmeliz. Ama eğer kilonuzla rahatlık içinde değilseniz, kendinizle mutlu olmak ve olmak istediğiniz kişiye dönüşmek için ne yapmanız gerektiğini göstereceğim.

Kendi hayatımda kilomdan rahatsız olduğum pek çok zaman oldu. Lisedeyken uzun ve zayıftım, insanlar benimle dalga geçerdi. Daha sonra evlendim ve 3 çocuğum oldu, böylece kilo aldım, ama son hamileliğimden sonra kabul edilebilir bir kiloya düştüm. Güvenlik görevlisi olmak için eğitim alırken oldukça iyi bir forma kavuştum. Ama kurstan sonra vardiyalı çalışma gerektiren bir güvenlik işine girdim ve koşmak için zaman bulmak zordu.

Nükleer güvenlik eğitimimden 2 yıl önce, bacağım aralıklı olarak şişmeye başladığı için her şeye rağmen koşmam bir mucizeydi. Sonraki birkaç yıl boyunca periyodik olarak şişmeye devam etti ve bu, koşularıma da darbe vurdu. Üzerine basamayacağım bir noktaya geldiğimde, bana kanser teşhisi konmuştu. Ağustos 1995'ten 1996'nın baharına dek bacağımı ve hayatımı kaybetme noktasına kadar geldim. Bundan sonra da stres altındaki çoğu insan gibi kilo aldım ama aşırı kilolu değildim. Kilo verirsem yeniden kanser olacağımdan korktum, böylelikle bu kiloyu korudum. Bu korku üzerinde çalışmam gerekti.

Daha sonra 1997'de; zor bir ilişkinin gerginliği, boşanma, çocuklarla sorunlar ve günde 16 saat çalışmak durumumu kötüleştirmeye başladı. Kendimi çok fazla yordum. Zatürre oldum ve bu da çocukluk astımımın tekrarlamasını tetikledi. Sonraki sene, ders vermek için seyahat etmeye başladığımda, uçaklardaki havanın normal havadan daha az solunabilir oksijen içerdiğini fark ettim. Sahip olmam gereken akciğer kapasitesine astım nedeniyle sahip olmadığımdan, uçtuğum zamanlarda nefes almama yardımcı olması için prednizon kullanmaya başladım. Ama bunun yan etkisi kilo almaya başlamam oldu. Bundan 6 ay sonra 32 kilo almıştım. O kadar ağır olduğum için pek iyi hissetmedim, yaptığım seyahatler nedeniyle bedenim de biraz şekilsizleşmişti. Kıyafet ölçümün sürekli genişleyerek bedenden bedene yükselmesini izlemek çok korkutucuydu. Hayatımda daha önce böyle bir durumla karşılaşmamıştım.

Beni yanlış anlamayın –bu deneyimim nedeniyle doktorlara karşı değilim. Danıştığım doktorlar benim için yalnızca en iyisini yapıyorlardı ve klasik tıbbın en parlak zamanlarında olduğunu da biliyorum. Yine de göreceli olarak kısa bir süre prednizon kullanmama rağmen, bu beni neredeyse öldürüyordu. Kendimi şifalandırmanın alternatif yolunu bulmam gerekiyordu.

Tam o sıralar, insanların bana davranışlarıyla ilgili bir değişiklik fark ettim. Daha zayıf olduğum zamanlarda, bir mağazaya girerdim ve asistanlar bana nezaketle yardımcı olurlardı. Şimdiyse daha ağır, şişman ve kabarık olduğumdan bana tuhaf bir küçümsemeyle bakıyorlardı. Hatta bazıları hamile olup olmadığımı bile sordu!

Davranılma veya algılanma şeklim hiç hoşuma gitmiyordu. Doğru bile değildi! Hamile değildim, ayrıca fazla bile yemiyordum. İnsanlar çok fazla yediğimi düşünüyorlardı ama aslında çok az yemek yiyordum.

ThetaHealing öğretmek de ilginçti. Kilolu olmam, (çoğu kadın) bazı insanlarla işimi kolaylaştırdı, çünkü kendileriyle bir çeşit rekabette olmadığımı hissediyorlardı. Yine de bazıları eleştiren gözlerle bana bakıyorlardı. Ve her zaman, kendi sorunlarını halledememiş olsalar da bana gelip "Neden sıska değilsin?" diye soran tuhaf insanlar oluyordu. Bu şekildeki "açıksözlülük" için kibarlıktan huysuzluğa kadar değişen pek çok güdünün olduğunu gördüm.

Dürüst olmak gerekirse, benim için "Spritüel öğretmenler istedikleri formda olabilirler," demek kolaydı. Ben gerçekten herkesi kendi hâlinde özel buluyorum. Dünya üzerindeki insanların farklı farklı beden yapılarının olduğunu ve hepsinin güzel olduğunu düşünüyorum. Ben insanlara, bir ressamın bakış açısıyla bakıyorum: "Onların resimlerini yapsam nasıl olurdu?" diye düşündüğüm bir bakış açısı. Yalnızca bir okuma ya da şifa sırasında fazla kilolarının sağlık problemleri yarattığını gördüğümde, kilo vermeleri gerektiğini düşünüyordum.

O sıralar Avustralya'da bir ders veriyordum. Biri yanıma geldi. Ağırlık çalışan birine benziyordu. Bana, "Sorumu yarına kadar cevaplamayın ama bu kadar fazla kiloluyken nasıl oluyor da kilo konusunda ders verebildiğinizi merak ediyorum," dedi. Bu, benim duygularımı incitti, sınıftan çıktığımda o adamın neler dediğini eşim

Guy'a söyledim. Bu bizim sorunlarımızı ortaya çıkardı. Guy adama çok kızdı. Ancak Yaratıcı, adama hiçbir şey söylemememizi ve tepki vermeyip beklememizi söylemişti. Sonraki sabah genç adam bana geldi ve "Soruma bir cevabınız var mı?" dedi. Tanrının yanımda olması iyi bir şeydi, çünkü verdiğim şu cevap farklı olurdu: Neden bilmek istiyorsun? "Çünkü ben de şişmandım. Hayatım boyunca hep şişman oldum. Nereye gidersem gideyim ve ne yaparsam yapayım insanlar benimle alay ettiler ve ben bundan nefret ettim. Bu konuda bir şey yapmalıydım. Başta, neredeyse ölüyordum, kendimi öldürecek kadar aç bıraktım. Daha sonra egzersiz yapmaya başladım ve kilo kaybettim. Şimdi bile insanlarla dolu bir odaya girdiğimde, kendimi şişman hissediyorum ve ne yaparsam yapayım bu histen kurtulamadım. Ama yinede, bir grup insanın önüne çıkıp kendinizden şüphe etmeden enerji şifacılığını anlatıyorsunuz. Böyle olmak için ne yapmam gerektiğini bilmek istiyorum."

Bu adama, ilk düşündüğüm şekilde tepki vermiş olsaydım, bana verdiği ilham verici mesajı hiç duyamayacaktım. Bu, bana her seviyede düşünülecek şeyler verdi.

EGZERSİZ ÖĞÜTLERİ

Fazla kilolu olduğunuzda, her zaman duyacağınız şey "egzersiz öğütleri"dir. Herhangi biri size gelebilir ve "Kilo vermen gerekiyor, egzersiz yap!" diyebilir.

Tembel biri değilim, muhtemelen siz de değilsinizdir. Biz sadece karmaşık hayatlar yöneten, çok yoğun ve odaklanmış insanlarız. Yapmamız gereken egzersiz için ihtiyaç duyduğumuz zamanı çok zor buluyoruz.

Sıradan biriyle karşılaştığınızda ne yapabilirsiniz? Her zaman "Tamam, egzersizi programımda hangi zamana koymalıyım?" diyebilirsiniz.

Ancak sonrasında size söyleyeceği şey "Programına egzersizi koymak için zaman bul!" olacaktır.

"Tamam, programımda egzersizi sabaha karşı üçe koyacağım!"

Bu konuşma, siz ve sürdürdüğünüz hayat hakkında hiçbir şey bilmeyen bu anlayışsız insan kadar korkutucudur.

Örneğin uçak yolculuğu yapmak kilo verirken iyi bir plan değildir, restoran yemeği de öyle. 30 dakikalık bir aerobik egzersizi bile uzun bir uçuş yolculuğunun sonunda veya tıklım tıklım dolu bir eğitim gününden sonra sabaha karşı üçte zordur. Buna rağmen yine de birilerinden "egzersiz tavsiyesi" alırsınız. Yine de birilerinden egzersiz öğüdü almaya devam edersiniz.

Bu, benim için özelikle korkutucuydu. Çünkü ortalama bir insana göre hâlâ güçlüydüm ve benimle seyahat edenlerin kısa sürede anladıkları gibi, çoğu insan benimle başa çıkmanın zor olduğunu düşünüyordu.

Diğerleri için, özellikle obez olanlar için, nefes almak bile zorken, kilo nedeniyle düşme veya yaralanma tehlikesi olmadan yalnız hareket etmek şöyle dursun egzersiz yapmak çok zor olabilir.

Şununla yüzleşelim: Egzersiz öğütleri hiçbir işe yaramıyor...

TOPLUMUN ALGILARI

Çoğu insan, kilo alımının arkasındaki çok çeşitli nedenlerin farkında değildir. Bu nedenlerin bazıları, egzersiz yapmamakla ya da çok fazla yemek yemekle çok az ilgilidir veya hiç ilgili değildir.

Kilo Almanın Tıbbi Nedenleri

Tiroid problemleri psikolojik bozuklukların yapabileceği gibi obeziteye yol açabilir, bir kısmı da öncelikle genlerden, endokrin (iç salgı bezleri) bozukluklarından ve insülin direncinden kaynaklanabilir. Belli ilaçlar, örneğin benim keşfettiğim gibi prednizon, obeziteye neden olabilir. Aşağıdaki listedeki reçeteli ilaçlar bazı insanlarda kilo alımına sebep olabilir.

- Antidepresanlar (MAO inhibitörleri)
- Mide yanması için alınan ilaçlar: Nexium, Prevacid (bazı insanlarda kilo kaybına yol açabilir!)
- Antipsikotik ilaçlar: Absenor, Chlorpromizine, Ergenyl, Orfilir, Paxil, Zyprexa
- Nöbet engelleyici ilaçlar: Depakote, Valproate
- Beta blokerleri (yüksek tansiyon için): Cardura, Inderal
- Meme kanseri ilaçları: Nolvadex, Tamoxifen
- Kortizon ve prodnizon (romatizma ve alerjiler için kullanılır)
- Östrojen: Follimin, Follinet, Neovletta
- Tip-2 diyabet için insülin: Actrapid, Humulin, Insulatard
- Lithium: Bipolar bozukluk için
- Migren ilaçları: Ergenyl, Sandomigrin, Trypizol

- Duygudurum dengeleyicileri: Cipramil, Elavil, Sertralin, Tofranil, Xeroxat, Zoloft
- Romatizma ilaçları: Enbrel, Etanercept

Bu bilgiler sizi endişelendirmek için verilmedi! Pek çok insan kullandığı ilaçlar yüzünden kilo veremiyor. Yine de modern tıp uygulayıcıları, belirli ilaçları kullanan kişilerin kilo aldıklarını rahatlıkla kabul etmişlerdir. Bu, herhangi bir ilacı bırakmak için bir sebep değildir; doktorunuzla konuşmanız gereken bir seçimdir.

Kilo almakla ilgili genelde gözden kaçırılan başka şeyler vardır, bunlar genetik ve kişinin inanç sistemleridir. Bunları daha sonra detaylı olarak inceleyeceğiz.

Aşırı Kilolu - Obez Karşılaştırması

Bu iki kavramda bir karışıklık fark ettiğim için öncelikle bir not düşelim. Obez olmak, kas dokusuna oranla çok fazla yağ dokusuna sahip olmaktır. Bu, beden ölçünüze göre çok ağır olmak demek olan (primlerini yükseltme amacındaki sağlık sigortası şirketlerinin çoğunlukla tanımladığı gibi) aşırı kilolu olmaktan farklıdır. Bu durumda, ağırlık kastan, kemikten, yağdan ve/veya vücut suyundan kaynaklanabilir.

Buna karşın, her iki terim de kişinin boyuna, yaşına ve diğer özelliklerine göre sağlıklı olan kilosundan fazlasına sahip olduğunu ifade eder.

Çoğu insanda obezite, alınan kalorinin kullanılandan fazla olduğunda, zamanla gelişir. Alınan ve kullanılan kalorilerin dengesi her insan için farklıdır. Obeziteye neden olan faktörler genetik yapı, aşırı yemek yemek, çok yağlı yiyecekler tüketmek ve fiziksel olarak aktif olmamayı içerir. Obezite; diyabet, kalp hastalıkları, felç, kireçlenme ve bazı kanserlerin riskini arttırır. Bu nedenle egzersiz yapmaya yürüyüş, kürek çekme veya sabit bisikleti yavaş hızda sürmek gibi daha basit formlarla başlamak obezler için en iyisidir.

Birinin, uzun süre ara verdikten sonra egzersiz yapmaya başladığında karşılaşabileceği talihsiz durum, egzersizin dokularda birikmiş toksini açığa çıkarmasıdır. Bu durum, toksinler gidene kadar kişiye kendini berbat hissettirebilir. Bu nedenle bir egzersiz programına başlamanın en iyi yolu hafif hafif başlamaktır; bu nedenle egzersiz yapmadan egzersiz yapmak programını bulduk (bkz. Bölüm 7).

Fazla Kilolu Olma Kusuru

Gördüğüm kadarıyla, batı toplumunda fazla kilolu ya da obez olmakla ilişkili gerçek bir kusur var. Bu, ortalama kiloda olan insanlara karşı bile yaygın bir tutum hâline gelmiş.

Kusurun büyük bir bölümü, kıyafetten arabalara kadar her şeyin tüketimini teşvik eden modern medyanın mankenleri ve vücut geliştirmecileri kullanmasından kaynaklanıyor. "Mükemmel vücut"un bu şekilde yaygınlaşması yanlış bir ideal beden yarattı; çoğu insan bu ideal bedenle kendilerini ve başkalarını karşılaştırıyor.

Kilo ile ilgili bu popüler inançların sonucu, kilo vermeye ihtiyacı olmayan ve oldukları hâlde kesinlikle güzel olanların bile kilo vermek zorunda olduklarını düşünmeleridir. Bu ayrıca güncel bir görüştür. Geçmişte şişman olmak iyi bir şey olarak görülürdü. Eski zamanlarda, yiyeceğin bol olmadığı durumlarda, kıtlık zamanları için ya da muhtemelen hasta olduğumuz zamanlar için yağ depoluyorduk. İhtiyaç duyduğumuz zamanlar için yağ rezervlerinin bulunması yararlıdır. Depolanmış yağ kesinlikle iyidir ve hayat kurtarıcı olabilir. Hatta eskiden, bu gıpta edilen bir şeydi. Bu çağrışımlar devam etti ve daha sonra tarih boyunca, hâlâ dünyanın bazı ülkelerinde olduğu gibi, şişman olmak yaygın biçimde zenginliğin ve doğurganlığın sembolü olarak algılandı. Çok sıska olmanız gerektiğine inanmayanların ve inananların olduğu ülkelere seyahat ettim. Kaliforniya'da Beverly Hills'e yaklaştıkça kadınlar daha sarışın, daha büyük göğüslü, daha zayıf olurlar. Hepsinin "mükemmel" vücudu olmak zorundadır. Ben olabildiğince gösterişsizim. Bir keresinde Kaliforniya'ya eğitim vermek için gittiğimde el tırnaklarımın sınıfın özelliklerine göre yapılmadığını fark ettim, ayak tırnaklarım da yapılmamıştı. Torunumla birlikte ayak tırnaklarıma oje sürerken hep çok eğlenirdik ve ben eğitim için bundan vazgeçecek değildim. Ama sınıftaki –hepsi sarışın ve harika makyajlı– kadınlar ayak tırnaklarımın görüntüsü nedeniyle çıldırdılar ve odama tırnaklarımın bakımını yapması ve bana oje sürmesi için bir pedikürcü gönderdiler. Buna rağmen, bu kadınlardan bazılarıyla eğitimden sonra birebir şifa çalışması yaptığımda, göründükleri kadar kendilerine güvenleri olmadığını gördüm. Bazılarıyla inanç çalışması yaptım ve dışarıdan çekici görünmelerine rağmen yeterince güzel olmadıklarını zannettiklerini gördüm.

Çoğu botoks, estetik ameliyat, saç boyası, silikon, yağ aldırma, manikür, makyaj ve moda olan herhangi bir şeyi yaptırmış, yine de kendi iç ve dış güzelliğini kabul edememişti. Dış görünüşü gerçekte başkalarına (ve bana) göre mükemmel olan insanlar güzel olmadıklarına inandıklarında, sürekli ve zorlayıcı şekilde en ufak bir gelişim için bile çaba gösterdiklerinde onlarla çalışmayı zor buluyorum. Bana göre dış "mükemmellik" gerekli değil, bizi tanımlayan şey karakterimiz.

Günümüzde zayıf olmaya verilen önemin bir bölümü Fransa'daki kıyafet modellerinden gelmektedir. Geçmişte, Fransız tasarımcılar balıketli, iri göğüslü, iri vücutlu kadınları, kıyafetlerini taşımaları için işe alıyorlardı. Problem şuydu ki herkes, kıyafetlerden çok, kıyafetlerin altındaki balıketli kadınlara yoğunlaşmıştı. Daha sonra tasarımcılar, kıyafetleri için güzel fakat sıska kadınları işe almak gibi parlak bir fikir buldular. Böylelikle insanlar mankenlere değil kıyafetlere dikkat edecekti. Ne yazık ki, kedi yürüyüşü yaparak çalımla gelen sopa gibi modelleri izleyen kadınların hepsi, insanların görmek istedikleri şeyin bu olduğunu düşündü ve batı nüfusunun büyük bir kısmı güzel olmak için aşırı zayıf olmak gerektiğine inanmaya başladı.

Çok fazla güzellik fikri var. Birkaç yıl önce vücut geliştirmeci olmaya karar verdim. Vianna adında bir vücut geliştirmecinin eğlenceli bir şey olacağını düşündüm. Daha sonra fark ettim ki, Vianna adında zaten meşhur bir vücut geliştirmeci varmış! Onun fotoğraflarına baktım. Tüm o kaslar! Güzel olduğunu düşünmeme rağmen, olmak istediğim şeyin vücut geliştirmeci olmadığına o zaman karar verdim.

GENETİĞİN ROLÜ

Tabii ki kilomuzda genlerimizin de rolü var... Eğer Japonya'ya gidersem, çok zayıf insanlar göreceğim, çünkü onlar genetik olarak öyleler. Polinezyalı insanların soğuk okyanusta yüzyıllardır yüzdüğü Hawai Adaları'na gidersem güçlü ama ağır insanlar göreceğim. Yaşadıkları yer ve atalarının geçmişte yaptıkları nedeniyle daha fazla vücut yağları var. Daha soğuk ülkelere gidersem, daha büyük, daha ağır insanlar göreceğim. Daha kuzey iklimlerine doğru giderseniz şunu görebilirsiniz: Erkekler daha iridir, kadınlar daha ağırdır.

Bazen genlerin nedeniyle sahip olduğun vücut ölçüsü, olmak istediğin vücut ölçüsü değildir. Bazı kültürlerin vücut stilleri diğerlerine göre farklıdır. Bunların çoğu genetikle ve genetik inançlarla bağlantılıdır.

Genetik bakış açısından bakınca sizin için sağlıklı olan şey, sizin olmak istediğiniz şey veya görünmek istediğiniz şekil olmayabilir. Anlamanız gereken şey beden şeklinizin size özel olduğudur. Sağlıklı, güçlü ve kendinize özel güzelliğinizle dolu olmayı amaçlamalısınız.

Birkaç yıl aşırı kilolu olduktan sonra, kendimle yeniden barışık olmak için, en uygun kiloma ulaşabilmek amacıyla egzersiz ve ThetaHealing yapmaya başladım. Bu kombinasyonu kullandığımda harika sonuçlar aldım.

Sizin için de nasıl harika sonuçları olabileceğine bakalım!

2

İNANÇ ÇALIŞMASI İÇİN HIZLI BİR HATIRLATMA

İnanç çalışması ThetaHealing'in önemli bir parçasıdır. Psikolojinin bakış açısından kolaylıkla yorumlanabilecek ve anlaşılabilecek olan parçasıdır. Bilinçaltı zihinde değişiklik yaratmak amacıyla, direkt olarak bir bilinçaltı zihne kapı açmak için bir yoldur. İnanç çalışması seanslarında insanları izleyerek, bilinçaltı zihin okyanusunun etrafında –en azından bazı insanlarda– bir koruma balonu olduğunu fark ettim. Bu koruma alanı, doğal bir süreçte yaratılıyor, böylece, bilinçaltının sabit sürücüsü bizi acıdan veya bize acı vereceğini düşündüğü şeyden uzak tutabiliyor, ThetaHealing'te buna, artık değiştirebileceğimiz "program" diyoruz .

PROGRAMLAR

Beynimiz, biyolojik bir süper bilgisayar gibi çalışır, bilgiyi değerlendirir ve cevap verir. Bir deneyime vereceğimiz cevap, bilinçaltına verilen bilgi ile ve bunun nasıl değerlendirildiği ve yorumlandığı ile ilgilidir. Bir inanç bilinçaltı zihin tarafından gerçek olarak algılandığında, "program" hâline gelir. Programlar bir hayat süresi boyunca oluşabilir veya çocukluktan gelebilir. Örneğin, çocukluğumuzdaki değişimle ilgili deneyimlerimiz bize değişimin acılı, hatta tehlikeli olduğunu öğretebilir. Mesela okul değiştirmek travmatik olabilir. Eğer başka istenmeyen değişiklikler olduysa, diyelim ki ebeveynlerimiz boşandı veya bir aile ferdi ya da bir arkadaşımız öldüyse, bizi acıdan korumanın bir yolu olarak bilinçaltımızın etrafında bir balon oluşmaya başlayabilir. Biz büyüdükçe, değişiklik ve büyüme (batılı zihin yapısıyla algılandığı şekliyle) çoğunluk tarafından acılı olarak algılanır. İşimizi kaybettiğimizde veya değiştirdiğimizde, sevdiğimizi kaybettiğimizde ya da bedenimiz yaşlandıkça değişimle ilgili algılarımız da daha olumsuz olabilir.

Yani, biz yaşlandıkça, bizim için acı verebilecek değişiklikleri yapmak daha da zorlaşır. Balon yerinde kalır ve üzerindeki koruma katmanları daha da kalınlaşır. İnanç çalışması, acı yaratmadan veya acıyı yeniden yaratmadan değişikliği sağlamak için, bu katmanlardan bilinçaltına nüfuz etmenin bir yoludur.

Programlar, ne olduklarına ve bizim nasıl tepki verdiğimize bağlı olarak bizim zararımıza olabileceği gibi yararımıza da olabilirler. Yine de, çoğu, biz farkında olmasak da bizi olumlu değişiklikler yapmaktan alıkoyar.

Başka bir örnek verecek olursak, çoğu insan, başaramayacakları ile ilgili gizli bir programla hayatlarını sürdürürler. Uzun yıllar başarılı da olsalar, sahip oldukları her şeyi aniden kaybedebilirler ya da bu gizli program nedeniyle kendilerini sabote edecek bir şeyler yapabilirler. Derinlerinde, çocukluklarından bu yana var olan, bilinçaltında yüzen, gerçeğe dönüşmek için fırsat bekleyen programları olduğunu anlamazlar.

İnanç çalışması, bu olumsuz programların kaldırılması ve olumluları ile değiştirilmesi için bize izin verir. Evrendeki en güçlü kuvvetlerden biri aracılığıyla değişimi yaratabileceğimiz algısıyla çalışır: atomaltı parçacıklarının enerjisi.

KAZMA

ThetaHealing uygulayıcısının birebir inanç çalışması seanslarında daha etkili olabileceği yollardan birisi de şimdi "kazma" adı verilen yöntemi kullanmaktır. Kazma, diğer pek çok inancın temeli olan kök inanç için enerji testidir. Uygulayıcı, bir dizi inancın kök nedeni olan duygusal sorun için araştırma yaparken özel dedektif rolünü oynama şansına sahiptir. Uygulayıcı, kişiye enerji testi yaptığında kişi tarafından söylenen sözler kök inançla ilgili ipuçları verir.

Burada inanç sistemini tuğlalardan örülmüş bir kule olarak hayal edebiliriz. En alttaki tuğla, geri kalan inançları ayakta tutan kök inançtır. Ana kök inançları arayıp temizleyerek saatler kazanabilirsiniz.

KÖK İNANCI NASIL AYIRT EDERSİNİZ?

- Kişiye "Hayatında değiştirebileceğin bir şey olsa, bu ne olurdu?" diye sormak. Bu sizi eldeki soruna götürür.
- Eldeki sorunla ilgili sorular sorun. En derindeki nedene ulaşana kadar soru sormaya devam edin. Kişi

sözlü savunmada kalmaya, kımıldamaya başladığında ya da programa tutunmak için bilinçaltının girişimiyle ağladığında kök inanca yaklaştığınızı anlayacaksınız. Sorunu hangi inanç seviyelerinde bulduysanız gerektiği şekilde çekin, iptal edin, çözün ve yenisiyle değiştirin. Sorulacak ana sorular "Kim?, Ne?, Nerede? ve Nasıl?" sorularıdır.

- Kendi programlarınızı ve hislerinizi araştırma sürecine dahil etmekten sakının.
- Kişinin "alanındayken" bazı durumlarda sorun düğümlenebilir, gizlenebilir veya soru/cevap senaryosuyla size daireler çizdirebilir; bu nedenle, Yedinci Seviye'nin Yaratıcısı'nın perspektifine sıkıca bağlı olduğunuzdan emin olun. Kişinin en derin programını bulmak için sabırlı ve ısrarcı olun. Yaratıcı'ya bunun ne olduğunu sormak gerekebilir. "Hangi ana kök inançlar bu inanç sistemini tutuyor?" diye sorun.

Kök inancı arayış sürecine bir kez başladığınızda, seansın bitiminden önce kök inanç bulunmalıdır yoksa kişi şifa krizine girebilir. Bu kişiyi inanç çalışması bitmeden bırakmayın ve bir rahatsızlık belirtisi işareti gözlemleyin. Kişi tedirgin davranıyor ya da tedirgin hissediyorsa veya acı ya da üzüntü duyuyorsa, sorunları çözülmemiştir ve inanç çalışmasının devam etmesi gerekir.

Danışanlar, seansta nedeni anlaşılamayan fiziksel acı deneyimlediklerinde, muhtemelen derin bilinçaltı programlarına erişiyorsunuzdur. Bu, bilinçaltının tutunmak için savaştığı farklı inanç sistemlerini tetiklediğiniz anlamına gelir. Danışanın izniyle, onlara güvende olmanın nasıl hissedildiğini yüklemek için soru sorun. Acı gidene ve kişi rahat hissedip huzurlu bir hâle gelene kadar seansa devam edin.

Yine de çoğu zaman kazma, his yüklemesi ya da programların bırakılmasından önce gelmelidir. Anlamamız gereken ilk şey hangi nöronal bağlantıyı değiştirmemiz gerektiğidir ve kazma, bizi tam olarak ne olduğunu anlamaya götürür.

Bu süreç kolaydır. Tek yapmanız gereken "Kim?, Ne?, Nerede? ve Nasıl?" diye sormak. Danışanın zihni bunu sizin için yapacaktır, bilgisayar gibi bilgiye ulaşacak ve her sorunuza bir cevap verecektir. Eğer insanlar cevap bulmakla ilgili çıkmaza girdilerse bu geçicidir. Soruyu "Neden"den "Nasıl"a çevirin. Eğer hâlâ cevap yoksa "Cevabı bilseydin bu ne olurdu?" diye sorun. Biraz pratikle, zihnin cevabı bulma kabiliyetine nasıl erişileceğini öğreneceksiniz.

Sürecin herhangi bir anında, Yaratıcı size gelebilir ve aradığınız kök inancı size verebilir, yani ilahi müdahaleye açık olun.

Her zaman kök inancın insanlara nasıl hizmet ettiğini ve bundan ne öğrendiklerini bulun. Genelde tüm kök inançların olumlu bir yanı vardır. Örneğin, "Eğer fazla kilolu olursam, duygularım güvende olur," ya da "Eğer fazla kilolu olursam, en derin hislerim saklı kalır". Zihnimiz bizi acıdan korumak için her zaman en iyisini yapar.

Birinci ve ikinci kitaplarımda, kök inançlar için kazmayı detaylı olarak ve kapsamlı bir şekilde ele alıyorum, bu nedenle daha fazla bilgiye ihtiyaç duyarsanız bunlara başvurabilirsiniz.

İnanç çalışmasının örnekleri sonraki bölümde bulunuyor. Kazmanın, Yaratıcı'ya yalnızca neyi değiştirmek gerektiğini sormak anlamına gelmediğini hatırlayın, yalnızca konu hakkında konuşmak bile konunun bir kısmından onları özgürleştireceği için, danışanlarınızla görüşmeyi de içerir. Aslında, programları, kendiliğinden özgür kalmaları için bilinçli zihnin ışığına getirecektir.

PROGRAMLARI AÇIĞA ÇIKARTMAK VE YENİSİYLE DEĞİŞTİRMEK

Seans bitmeden önce, çektiğiniz ve yenisiyle değiştirdiğiniz konuyla ilgili en derin programı bulmak en iyisidir. Çoğu durumda his yüklemeleri en derin programı bulmayı hızlandırdığından, seansınıza his yüklemelerini mutlaka ekleyin.

Kök programı bulduğunuzda, Yaratıcı'ya onu açığa çıkartıp çıkartmamayı, yenisiyle değiştirip değiştirmemeyi ya da bazı etkilerini silip silmemeyi danışın. Uygun bir muhakeme olmadan bir programı asla yenisiyle değiştirmeyin, her zaman Yaratıcı'ya sorun. İlk etapta olumsuz algılanabilen bir program aslında faydalı olabilir. Programlar rastgele bırakılmamalıdır.

Nöron bağlantılarını bir kez gerektiği gibi değiştirdiğinizde, kişiye değiştirilen programdan ne öğrendiğini ve aslında neden orada olduğunu sorun. İnsanların neden kendileri için en yüce ve en iyi olmayan programlara sahip olduklarını anlamak, aynı enerjiyi yeniden yaratmalarından kaçınmaya yardımcı olur.

Sonrasında, yeni konseptle çatışabilecek ilişkili kalıpları değiştirdiğinizden emin olmalısınız. Geçmiş hayatların ve genlerin de inanç yüklemelerine engel olabileceğini hatırlayın.

Anahtar, danışan-uygulayıcı ilişkisindedir, ama danışanlar beyinlerinin yeniden programlandığına çok fazla odaklanmamalıdırlar; yoksa bilinçaltı, yeni programı eskisiyle değiştirmeye çalışabilir.

Bilinçaltına yeni eylemler öğretmek bana ait yeni bir fikir değil. Bilinçaltı zihni değiştirmek için çok çeşitli süreçler var, aynı şeyi 30 gün boyunca okumak gibi. ThetaHealing'de biz değişikliklerin anında olduğuna inanıyoruz. İnançlar çekiliyor, Yaratıcı'ya gönderiliyor ve Yaratıcı'dan gelen yeni programlar ve hislerle değiştiriliyor.

Sonuçlar harika olabilir. İnanç ve his çalışmalarını kullanarak, vücutta fiziksel değişiklik yapabileceğimize ve hastalığın yok olabileceğine inanıyoruz. Sadece Yaratıcı'dan his yükleyerek de pek çok hayatın değiştiğini gördüm. Örneğin, neşe içinde yaşamayı bilmeyi ve bunun hissini yüklerseniz, hücreler mutluluk için kapılarını açacaklar ve kişi o andan itibaren farklı davranacak.

(Sonraki bölümde inanç çalışması seansları örnekleri bulunuyor. İnanç ve his çalışmasıyla ilgili daha kapsamlı bilgi için *ThetaHealing* ve *İleri ThetaHealing* kitaplarına başvurabilirsiniz.)

3

KİLO VERMEK İÇİN 1. ADIM: İNANÇ ÇALIŞMASI

Başlangıçta, yalnızca inanç çalışması ile kilo vermek istedim. Daha sonra bunu zor buldum çünkü kilo çok fazla inanç katmanı taşıyor. Başarılı olmak için diğer adımları takip etmem gerektiğini keşfettim. Yine de, inanç çalışması ihtiyacım olan rehber ışıktı ve hâlâ ilk adımdı.

Kilo vermeyle ilgili ilk olarak eski öğrencilerime ders verdiğimde, inanç çalışmasının ne kadar önemli olduğunu gördüm. Eğitimin yapısını açıklamaya başladığımda, bir öğrencim (oldukça kiloluydu) açıkça "Bu işe yaramayacak," dedi.

Eğer bir şeyi yapmaya çalışmadan onun işe yaramayacağıyla ilgili bir inanç sisteminiz varsa, o zaman bu inanç sistemi çalışıyordur. Besbelli ki o öğrencimin değişimle ve kilo vermeyle ilgili sorunları vardı. Olayların olduğu hâliyle ve kendi bedenimizin-derimizin içinde olmaktan memnun olduğumuz sürece, bu anlaşılabilir bir şey. Açıkçası, görünüşümüzü değiştirmek bazılarımız için çok yoğun ve baskılıdır. Ama düşük öz saygı, fazla kilomuzu korumamıza neden olmaz; esas neden *korkudur*.

KİLOYLA İLGİLİ KUVVETLİ İNANÇLAR

Kilolu insanlara okuma ve şifalandırma yaptıkça, kişilik özelliklerinden, söyledikleri şeylerden ve genel inanç sistemlerini gözlemleyerek çok fazla şey öğrendim. Kalıplar oluşmaya başladı. (Sağlıksız şekilde) fazla kilolu olan insanların çoğunluğunun, fazla kilolu olmanın kalplerine getirdiği baskı nedeniyle saldırgan ve tartışmacı olmaya eğilimli olduklarını gördüm. Diğerlerini (özellikle fazla kilolu olanları) eleştirme eğilimleri vardı ve içlerinden oldukça fazlası dünyaya kızgındı. Diğerlerinin tanımlayamadıkları çok büyük bir hüzünleri vardı. Bu hislerin, karaciğer ve böbrekler gibi organlardaki dengesizlikler ve ayrıca öz algı ve diğerlerinin küçümseyen yargılarıyla eklenen faktörler nedeniyle oluştuğunu anlamalıydık.

Konu inançlara geldiğinde, insanların aşırı kilolu olmasının farklı nedenleri vardır. Aşağıda benim bulduğum en sık rastlanan üç neden var:

1. İnsanların aşırı kilolu olmalarının en yaygın nedeni, ailelerindeki diğer herkesin aşırı kilolu ya da obez olması dolayısıyla kendilerinin de öyle olması gerektiğine inanmaları.

2. İkinci en yaygın neden, aşırı kilolu olurlarsa güvende oldukları ve korundukları inancı. "Ben kurbanım" inancının çözüldüğünden emin olun.

3. Üçüncü en yaygın neden ise, özünde kendisi ilginç bir inanç sistemi olan "aşırı kilo" diye adlandırılan gene sahip olmaları. Atalarımıza göre ağır olmak her zaman zenginlik, güç ve refah göstergesiydi.

Aşırı kilolu olmanın güç, emniyet ve güvenlik olup olmadığına dair enerji testi yapın.

Aşırı kilolu ve obez insanlar, üstesinden gelmenin zorlu olduğu her türden inanç sistemini geliştirebilirler. Bazıları kilolu olmanın kendi suçları olmadığını düşünür ve "suçlama oyunu" oynarlar. Bazıları bilinçaltı seviyesinde eşlerini memnun etmek için aşırı kiloludurlar. Çoğu insan, hem erkekler hem de kadınlar, eşleri biraz kilolu olsa dahi kimsenin onlarla ilgilenmeyeceğini ve bu nedenle başkalarıyla kaçıp gitmeyeceklerini düşünüyorlar, böylece eşleri de onlara güvence vermek için aşırı kilolu oluyor. Bu arada, bu şekilde düşünmek gerçekte kimseyi başkasıyla kaçıp gitmekten alıkoymuyor.

Aşırı kilolu olup da ilişkilerini herhangi biri kadar sık bitiren insanlar gördüm. Buna rağmen fazla sayıda kadının aşırı kilolu oldukları için eşlerini aldatmayacaklarını düşündüklerini anladım.

Kendimde, zayıf olmakla ve Guy ile evli olmakla ilgili bir korku buldum. Onunla ilk görüşmemizde, kemiklerinin üzerinde biraz et olan bir kadınla birlikte olmayı sevdiğini söyledi. Ve ben et ekledim. Fazladan kilonun ilişkimin keyfini kaçıracağından korkmuyordum. Öte yandan, egzersiz yapmaya ve kilo vermeye başladığımda, zayıf olma korkusu yüzeye çıktı. Böylece, seanslarda gördüğüm bazı inançları ve ben egzersize başladığımda ortaya çıkan bazı inançlarımı başkalarının da kullanması için yazdım.

Bana göre, pek çok insan süreci engelleyen inançları nedeniyle ideal kilolarına ulaşmakta başarısız oluyorlar. İnançların listesini yapmak, temizlemek ve süreç esnasında ortaya çıkan diğer inançları da temizlemek, bununla mücadele etmek için iyi bir yöntemdir.

Ben normal kiloma doğru geri giderken ortaya çıkan inançlara şaşırmıştım. Olan şey şuydu; iki ay gerçekten iyi gittim sonra devam etmek istemediğimi fark ettim. Bu, sorunların ortaya çıkmaya başladığı zamandı. Belki de çok hızlı kilo veriyordum; verdiğim her kiloda eski hislerin ortaya çıkması gibi yeni hisler de çıktı. Hepsi çok fazlaydı, bu yüzden sürece devam etmek istemedim. Bu, kendimde inanç çalışması yapmamın gerekli olduğu zamandı.

Geçmişte bana ne olduğunu bildiğim için, kırgınlıkları, gücenmeleri bırakmak zorunda olmayı bekliyordum. Avustralya'da eğitimlerimden sonra evine giden bir hanımefendi, (banyodayken) tüm kırgınlıklarını bıraktı ve pantolon bedeni olarak iki beden zayıfladı. Daha sonra Utah'taki bir eğitimde kırgınlıkları bırakmanın kilo vermeye yardımcı olduğunu söyledim ve başka bir hanımefendi aynı şekilde iki beden küçüldü. Ben aynı şeyi yaptım ama hiç kilo vermedim. Benim sorunlarım kırgınlıklar değildi, başka bir şeydi: Nesiller boyu süren üzüntü ve keder. Bu kitapta, yalnızca ideal kilonuza ulaşmak için kullanacağınız inançların değil, ayrıca güzel ve güçlü olmaktan sizi alıkoyabilecek inançların örnekleri de var.

Kilo vermek için yapılan inanç çalışmasında dikkat edilecek bir şey de, insanları (ya da kendinizi) kilo "kaybetmeye" programlamaktan kaçınmaktır, çünkü eğer yaparsanız, onu arayıp yeniden bulacaklardır.

Aşırı kilolu insanları, diğer insanların kendileri hakkında vardığı yargılardan özgürleştirmek de önemlidir. Bu yargılar, onların depresif olmalarına neden olabilir, özellikle, eğer derinlemesine sezgisel insanlarsa. Onları, "Yediğim her yemek lokması sevgi doludur ve kolaylıkla doyarım" diye programlayın.

Ayrıca, geçmiş ve genetik seviyelerinde "ağırlık, zenginlik demektir" inancının ve güç ya da güvenlikle ilgili sorunlarının olup olmadığını kontrol edin. Özellikle kadınlarla çalışırken karşılaşacağınız sorunların çoğu; suçluluk, taciz, seksin ayıp olduğuna dair atalardan kalma programlar ve cinsel enerjiyle ilgilenmekten duyulan suçluluk etrafında dönecektir. Bu bakış açılarının değiştirilmesi ve yeniden değerlendirmeye alınması gerekir. Cinsel çakra açık değilse, kilo vermek zor olabilir.

Obeziteye karşı gelmek için hormon salgıladığından sezgisel olarak hipofizi uyarmak da faydalı olur.

İNANÇLAR VE GENETİK

İnanç çalışmasının bakış açısından değerlendirince, kilo ile ilgili sorunların bu yaşamda öğrendiğimiz öz seviyede olmaktan çok, daha derinlerde olması olasıdır. Genetik ve geçmiş seviyelerde olacak kadar derin olabilirler. Aynı işlevsiz davranışı yükleyebileceğimiz ve aynı tip insanlarla benzer senaryoları yeniden yaşadığımız ana inançlarda olduğu gibi, tekrar eden benzer sorunlar ve durumlar çözümlenene kadar yeniden oluşmaya devam edeceklerdir ve bunlar genetik düzeyde de oluşabilirler. Bunun anlamı, hayatınıza gelen insanların, daha önce uğraştıkları ama tamamen çözemedikleri şeyleri taklit edebilecekleridir.

Bazı öğrenciler öz inançları bitirdiler ve daha fazla üzerinde çalışacak inanç kalmadığını düşündüler ancak yine de hiç çözülmemiş genetik inançlar kalmış olabilir. Bazen oturup ebeveynlerinizin hayatla ilgili sorunlarının yanı sıra atalarınızın hayatları hakkında bildiklerinizi değerlendirmek, kiloyla ilgili sorunlarınızı çözmede yardımcı olabilir.

Ebeveynlerinize ait bu sorunlar, akrabalarınızın hayatlarında yaşanan olaylarla ilgili olabilir –onların tamamlamadıkları ve/veya hiç çözümlenmemiş başka sorunlar olabilir. Eğer ebeveynleriniz zayıfsa ve siz kiloluysanız muhtemelen onlardan önceki atalarınızdan değil, ebeveynlerinizden kalma birtakım sorunları taşıyor olabilirsiniz.

Örneğin, annemin geçmişte yaptığı (ya da yapmadığı) şeylerden dolayı kendini affettiğini düşünmüyorum. Tüm hayatı boyunca tek gerçek aşkı aradı ancak bulamadı. Bunun olası nedeni ilişkilerle ilgili zor bir dönem yaşamasıydı ve bir noktada daha fazla yaralanma riskini almamaya karar verdi. Bence, onun aşkı bulma arzusu bana geçmişti. Guy'a âşık olduğumda, sanki annemin tüm hayatı boyunca duyduğu isteği tatmin ediyormuş gibiydim.

Geçmişle ilgili kendinizi affetmek, sizde ve çocuklarınızı etkileme şeklinizde önemli bir değişiklik yaratabilir.

Benim için büyüleyici olan şey, ThetaHealing Dünya İlişkileri eğitimini alan insanların atalarıyla ilgili olan sorunları üzerine çalıştıktan sonra kilo vermeye başlamalarını izlemek oldu. Anlamadıkları ve sahip olduklarını bilmedikleri nesilsel önyargılarını bırakıyorlardı.

DNA'nın, olduğunu sandığımızdan çok daha karmaşık bir yapısının olduğunu anlamalıyız. DNA, hatıraları, hisleri ve öğrenilmesi gereken dersleri saklar.

Bu arada, konu ideal kilonuzu bulmaya geldiğinde, zayıf olmanın hepinizin istediği şey olduğunu tahmin ediyorum. Ama ben amacınızın bunun yerine güçlü olmak olmasını tavsiye ederim. "Zayıf" kelimesi söz konusu olduğunda çok fazla genetik programla savaşırsınız. Şunu düşünün: 'Zayıf' olan, açlıktan ölen insandır. Hiç parası olmayan insan genellikle çok açtır. Bütün gün bu eski ve modern inançları çekmeye çalışabilirsiniz veya sadece "Ben 'güçlüyüm," diyebilirsiniz. "İnce/zayıf," pek çok insan için "güçlü" manasına gelebilir ama bilinçaltı zihnin anlayacağı şey "zayıf"ın olumsuz çağrışımlarıdır.

İNANÇ KATMANLARI

Bu dünyanın, fark ettiğimizden daha fazla illüzyonlu olduğunu düşünüyorum. Hepimiz başkalarına bir imaj yansıtıyoruz. Ve aynada baktığımız kişinin kendimiz olduğuna inanıyoruz, peki gerçekten o biz miyiz? Yapacağım şey, kendinizi ve bedeninizi sevmeyi öğreterek bu imajı sizin için değiştirmek, böylece bir kiloda sıkışıp kalmak yerine bedeninizin istediğiniz gibi olmasını sağlamak.

Yani, programımızın ilk bölümü, sizin ideal kilonuzda olmamanızla ilgili inançlar üzerinde çalışmak olacak.

Bu bölümün devamında, kilo vermenize engel olabilecek, enerji testi yapabileceğiniz inançların bir listesi var. Bu liste, insanların fazla kilolu olmalarıyla ilgili inançların hepsini kapsamıyor. İnsanlar çok çeşitli nedenlerden dolayı fazla kilolu olmak istiyorlar –zayıf olmakla ilgili çok fazla neden olduğu gibi. Ayrıca ikili (dual) inanç sistemleri var. Burada önereceğim inançlar yalnızca başlamanız için bir rehber, hepimiz farklı bireyler olduğumuz için, herkesçe bilinen buzdağı için yalnızca bir ipucu olabilirler. Kilo almanıza neden olan herhangi bir inancın ona ek olarak başka pek çok inancı olabilir. Aslında, kilo vermeye başladığınızda katmanları tek tek açmaya başlayacaksınız.

Bu kadar inanç katmanıyla nasıl bir sonuca ulaşacağız? Nedenlerden biri de bir anda kilo almamamız. Aldığım kiloları almam kısa bir zamanda olsa da, bunu yapmak yine de aylar aldı ve yolda hâlâ pek çok his vardı. Her kilo aldığımızda, fiziksel bedenimizde inançları kilitliyoruz ve bir kilo katmanı gibi inanç katmanları yaratıyoruz. Kilo alımı aslında inanç katmanları kazanımı olarak değerlendirilmelidir. Tam tersinde de, kilo verdiğimizde, bir soğanın soyulması gibi bir katman açılır, içerideki inançlar ve toksinler serbest kalır.

Yani, fiziksel olarak bir katman gittiğinde, karşınıza bir sorun çıkacak ve bu şekilde her katman ve ondan sonraki sorunlar serbest kalana kadar devam edecek. Katmanlar herkeste farklıdır ve kendilerini her 1 veya 10 kilo kaybettiğinizde gösterirler. Örneğin belirli bir kilodayken bir yakınınızı kaybetmiş olabilirsiniz ve bu keder aynı kiloya eriştiğinizde geri gelebilir. Bunun olmasının nedeni, bedeninizdeki her hücrenin, buna yağ hücreleri de dâhildir, deneyimlediğiniz her şeyin anısına sahip olmasıdır.

Bunun anlamı, bazı "kilo sorunlarımız"ın düşündüğümüz şeyler olmadığıdır. Ayrıca bu, diyelim ki 4,5 kilo verip kısa zamanda hepsini geri almamızın da nedenidir. Eğer o katmandaki fiziksel kilo ile alakalı inançları ve hisleri bırakmadıysak, o kiloları yeniden alırız. Bu nedenle inanç çalışması kilo vermede çok önemlidir. Bir miktar psikolojik sorgulama içerebilir ancak bu şekilde geçirilen zaman faydalıdır.

İNANÇLAR VE YÜKLEMELER

Aşağıda kilo verme katman çalışması ile ilgili bazı inançlar ve yüklemeler bulunuyor. Kök inanç, kazma çalışması esnasında bulunursa, bu inançların yiyecekle ya da fazla kilolu olmakla ilgisi yoktur.

Danışana (ya da kendinize) enerji testi yapın ve bu inançların onlarda (ya da sizde) olup olmadığını görün. "Fazla kiloluyum" veya "Şişmanım" ile ilgili programların değiştirilmesi gerekir. "Fazla kiloluyum" programı, "İnce ve güçlüyüm" ya da "Sağlıklıyım" ile değiştirilmelidir.

Aşırı kilolu olmakla ilgili inançların genellikle en azından genetik seviyede taşındığını göreceksiniz. Bazı kabilelerde, özellikle Hawai ve bazı Kızılderili kabilelerinde en ağır insan, en güçlü insandı. Gizli inançlar bunlar olabilir:

- "Aşırı kilolu olduğumda güçlüyüm"
- "Sezgisel olabilmem için kilo almam gerekiyor"
- "Ağırım"

Bu programları geçmiş seviyede test ettiğinizden emin olun.

Obezitede, her zaman insanları (ya da kendinizi) güçlü olmaya programlamakla başlayın, sonrasında kök inanç için kazmaya başlayın.

Bu bölümdeki inançları test ettikten sonra, ne kadar derinde olduklarını anlamak için kazmanız ve her birine bağlı kök inancı bulmanız gerekiyor.

İlişkiler

Aşağıdakiler için enerji testi yapın:

- "Eğer kilo verirsem, eşimi aldatırım."
- "Eğer fazla kilolu olursam, ilişkilerden kaçınırım."
- "Karşı cinsin ilgisinden uzak durmak için aşırı kiloluyum."

- "Duygusal olarak incitilmekten korkuyorum."
- "Aşktan/sevgiden korkuyorum."
- "Kocam/karım/partnerim beni bu şekilde istiyor."
- "Kocam/karım/partnerim benim fazla kilolu kalmamı istiyor."
- "Aşırı kiloluyum, böylece rekabet etmiyorum."
- "Aşırı kiloluyum, böylece başkalarının gözünü korkutmuyorum."
- Aşırı kiloluyum, böylece ciddiye alınabilirim."
- "Aşırı kiloluyum, böylece bedenim için değil zihnim için sevilirim."
- "Seks objesi olarak görülmekten nefret ediyorum."

Eğer aşağıdakilerden birine bile "hayır" cevabı veriliyorsa inanç çalışması yapılmalıdır:

- "Başkalarından gelen öfkeye ve kıskançlığa geçirmezim."
- "Kilo verdiğimde insanların benimle ilgili perspektiflerinin değişeceğinin farkındayım."
- "Değiştikçe daha fazla saygı hak ederim."
- "İnsanlar bana saygı ve hayranlık duyarlar."
- "Diğerlerinin bana olan saygısını zarafetle ve kolaylıkla kabul ederim."
- "Çevremdeki insanlar daha iyi olmama yardımcı olur."
- "Diğerlerine olan davranış tarzımdan memnunum."
- "Diğerlerine nazik ve saygılı davranırım."

Yemek

Aşağıdakiler için enerji testi yapın:

- "Yemek kötüdür." (Eğer buna evet cevabı alırsanız, inanç çalışması yapılmalıdır.)
- "Eğer kilo verirsem, bir şeye ait olamam."
- "Yemek şeytanidir."
- "Daha az yiyorum." (Cevap hayırsa inanç çalışması yapılmalıdır.)

Aşağıdakileri yükleyin:

- "Yediğim yemekten keyif alırım."
- "Meyve severim."
- "Çiğ sebze severim."
- "Meyve vc sebze yemekten keyif alırım."
- "Proteinli gıdalardan keyif alırım."
- "Doğru yemek çeşitleri beni mutlu eder."
- "Yediklerimin sorumluluğunu alıyorum."
- "Daha az yemekten keyif alırım."
- "Küçük porsiyonlu yemekler tatmin edicidir."
- "Vitaminlerimi almaktan keyif alırım."
- "Su içmeyi severim"

Egzersiz

Aşağıdakiler için enerji testi yapın:

- "Egzersizden nefret ederim."

- "Egzersizle sonuç almak çok uzun sürer."
- "Egzersiz acılıdır."
- "Egzersiz yapmak için zaman yok"

Aşağıdakileri yükleyin:

- "Egzersizden keyif alırım."
- "Her gün egzersiz yaparım."
- "Egzersiz benim dostumdur."

Kilo

Aşağıdakiler için enerji testi yapın:

- "Kilo vermek için çok yaşlıyım."
- "Eğer kilo verirsem, artık aileme ait olmam."

Aşağıdakileri yükleyin:

- "Fazla kilolarımı vermek isterim."

Güzellik

Aşağıdakiler için enerji testi yapın:

- "Eğer güzel olursam, insanlar sığ olduğumu düşünürler."
- "Eğer yakışıklı olursam, insanlar sığ olduğumu düşünürler."
- "Güzel biçimli insanlar aptaldır."

Aşağıdakileri yükleyin:

- "Eğer güzel olursam, insanlar yine beni beğenirler."

İncelik ve Güç

Aşağıdakiler için enerji testi yapın:

- "Eğer ince ve güçlü olursam, diğerlerini kıskanırım."
- "Eğer ince ve güçlü olursam, diğerleri beni kıskanır."

Aşağıdakileri yükleyin:

- "Değişim korkusu olmadan nasıl yaşandığını biliyorum."
- "Değişim iyidir."
- "Eğer öyle olmayı seçersem ince ve güçlü olurum."
- "Eğer ince ve güçlü olursam, insanlar yine de beni ben olduğum için severler."
- "Kendimi çekici ve ince olarak görürüm."
- "Ayna benim dostumdur."

İNANÇ VE HİS YÜKLEMELERİ

Zihin, Beden ve Ruh

- "İnce ve çekiciyim."
- "Sağlıklı, güçlü bir beden içinde Tanrı'ya yakınım."
- "Güçlendikçe Tanrı'ya daha da yaklaşırım."
- "Bedenim nasıl olursa olsun, Tanrı beni sever."

- "Bedenimi severim."
- "Bedenim enerji doludur."
- "Bedenim enerji depolar."
- "Bedenim güçlüdür."
- "Bedenim her gün daha da güçlenir."
- "Bedenim, şekerimi nasıl dengeleyeceğini anlar."
- "Her geçen gün, bedenimin sistemleri daha güçlü oluyor."
- "Ben gencim."
- "Ben güçlüyüm."
- "Güçlendikçe nazik olurum."
- "Güçlü olabilirim."
- "Her gün egzersiz yapmaktan keyif alırım."
- "Kendimi iyi hissederim."
- "Ben önemliyim."
- "Kilo verme konusunda kendime güvenirim."
- "Kendime karşı sabırlıyım."
- "Sakinim."
- "Harikayım."
- "Göz kamaştırıcıyım."
- "Hayatımda yaptığım her şeyin önemi var."
- "Kendimi olduğum gibi severim."
- "Hayatımdan ve onu yaşama şeklimden gurur duyarım."

- "Dünya beni daha iyi hâle getirebilir."
- "Enerji ve güç doluyum."
- "Kelimelerimi akıllıca kullanırım."
- "Yaşam enerjisini içime çekerim."
- "Yorgun olduğumda, yaşamın nefesiyle enerji bulurum."

Yiyecek

- "Doyduğumu anlarım."
- "Yemek yerken ne zaman duracağımı biliyorum."
- "Nasıl daha az yiyeceğimi biliyorum."
- "Aşırı yemek yemeden kendimi nasıl besleyeceğimi biliyorum."
- "Daha az yemek yemenin nasıl hissedildiğini anlıyorum."
- "Doğru beslenmenin tanımını anlıyorum."
- "Doğru beslenmenin mümkün olduğunu biliyorum."
- "Daha az yemenin mümkün olduğunu biliyorum."
- "Doğru beslenmenin nasıl hissedildiğini anlıyorum."
- "Nasıl doğru besleneceğimi biliyorum."
- "Doğru beslenerek günlük hayatımı nasıl yaşayacağımı biliyorum."
- "Her Şeyin Yaratıcısı'nın doğru beslenme perspektifini biliyorum."

- "Sağlıklı beslenerek günlük hayatımı nasıl yaşayacağımı biliyorum."
- "Ne zaman yemek yemem gerektiğini biliyorum."
- "Bedenim için iyi olan yiyecekleri yemenin nasıl hissedildiğini anlıyorum."
- "Yediğim yemekteki besin maddelerinin nasıl özümsendiğini biliyorum."
- "Yiyecekteki besin maddelerini özümsemenin nasıl hissedildiğini anlıyorum."
- "Bedenimi sarsmadan nasıl iyi yemek yendiğini, vitamin ve mineral takviyesi alındığını biliyorum."
- "Bedenimin ne zaman enerjiye ihtiyacı olduğunu biliyorum."
- "Bedenime nasıl özen göstereceğimi biliyorum."
- "Aşırı yemek yemeden günlük hayatımı nasıl yaşayacağımı biliyorum."
- "Bedenime saygıyla nasıl değer vereceğimi ve özen göstereceğimi biliyorum."
- "Kendim için iyi olan vitaminleri ve gıda takviyelerini nasıl alacağımı ve almaya nasıl devam edeceğimi biliyorum."
- "Yaratıcı'nın perspektifinden kendi bedenimle nasıl iletişim kuracağımı biliyorum."

Güzellik

- "Her Şeyin Yaratıcısı'nın güzellik tanımını biliyorum."

- "Güzel olmanın nasıl hissedildiğini biliyorum."
- "Günlük hayatımı güzellik içinde nasıl yaşayacağımı biliyorum."
- "Her Şeyin Yaratıcısı'ndan güzelliği biliyorum."
- "Güzel olmanın mümkün olduğunu biliyorum."
- "Güzel olmanın nasıl hissedildiğini biliyorum."
- "Çekici ve ince olmanın tanımını anlıyorum."
- "Çekici olmanın nasıl hissedildiğini anlıyorum."
- "Çekici ve ince olmanın mümkün olduğunu biliyorum."
- "İlişkide kendimi güvende hissederim."
- "Diğerleriyle birlikteyken güvende hissederim."

Kilo Vermek

- "Günlük olarak kilo vermenin nasıl hissedildiğini anlıyorum."
- "Egzersiz yapmanın nasıl hissedildiğini anlıyorum."
- "Duyarlı olarak nasıl egzersiz yapacağımı biliyorum."
- "Yemek yemenin yerini egzersizle doldurmanın nasıl hissedildiğini anlıyorum."
- "Kendimi nasıl iyi hissedeceğimi anlıyorum."
- "Aşırı yemek yemeden günlük hayatımı nasıl yaşayacağımı biliyorum."
- "Kilom hakkında hayal kırıklığına uğramadan günlük hayatımı nasıl yaşayacağımı biliyorum."

- "Kilo vermenin tanımını anlıyorum."
- "Fazla kiloyu nasıl vereceğimi biliyorum."
- "Nasıl egzersiz yapacağımı biliyorum."
- "Kiloyu azaltmanın nasıl hissedildiğini biliyorum."
- "Kiloyu nasıl azaltacağımı biliyorum."
- "Egzersiz yaparak günlük hayatımı nasıl yaşayacağımı biliyorum."
- "Egzersiz yapmanın mümkün olduğunu biliyorum."
- "Egzersiz yapmanın nasıl hissedildiğini anlıyorum."
- "Kendimi zehirli maddelere maruz bırakmadan nasıl yaşayacağımı biliyorum."
- "Kendi fiziksel ihtiyaçlarımı nasıl kabul edeceğimi biliyorum."
- "Enerji dolu ve kabul gören biri olmanın nasıl hissedildiğini biliyorum."
- "Yorgun hissettiğimde ruh hâlimi nasıl kontrol edeceğimi biliyorum."
- "Ne zaman yorulduğumu biliyorum."
- "Kendimle ilgili nasıl iyi hissedeceğimi biliyorum."
- " Yaşam gücünü en iyi ve en yüce şekilde nasıl kullanacağımı biliyorum."

Sağlık

- "Her Şeyin Yaratıcısı'nın sağlık tanımını anlıyorum."

- "Sağlıklı olmanın nasıl hissedildiğini anlıyorum."
- "Ne zaman sağlıklı olduğumu biliyorum."
- "Nasıl sağlıklı olunduğunu biliyorum."
- "Sağlıklı olmanın mümkün olduğunu biliyorum."
- "Günlük hayatımı nasıl sağlık içinde yaşayacağımı biliyorum."
- "Her Şeyin Yaratıcısı'nın sağlık perspektifini biliyorum."

İNANÇ ÇALIŞMASI SEANSLARI

Kilo verdiğinizde ortaya çıkan korkulardan bazıları, yıllarca nefret etmiş olduğunuz şeylere dönüşme korkunuzdur. Aşırı kilolu çoğu insan, zayıf, çekici insanlardan nefret eder ve eğer kilo verirlerse, ondan da nefret edileceğinden korkar. Çekici insanların sığ olduklarını düşünürler ve daha çekici olurlarsa sığ olacaklarından korkarlar. Kişiliklerinin değişeceğinden, etraflarındakilerin onlara olan davranışlarının değişeceğinden ve öğrendiklerini kaybedeceklerinden korkarlar. Eğer kilo verirlerse ailelerinin kendilerini kabul etmeyeceğini düşünürler.

Aşırı kilolu kişinin, kaybetme korkusunun yalnızca bir korku olduğunu ve gerçeklik olmadığını anlaması gerekir. Bazı insanların dış görünüşleri değiştiğinde kendilerinin de değiştiği gerçektir ama böyle olmak zorunda değildir. Aşağıdaki inanç çalışması seansı bu senaryoya dâhil olan inançlar için iyi bir örnektir.

İnanç Çalışması: Kilo verdiğinde ne olur?

Bu seans aşırı kilolu genç bir kadınla yapılmıştır.

Vianna: "Kendini gelecekte görmeni istiyorum. Kendini daha ince, hayatını olmasını istediğin gibi görmeni ve neler olacağına bakmanı istiyorum.

Danışan: "Olduğum kiloda olmaktan mutluyum; en azından kilomdan mutsuz değilim. Olduğum gibi gerçekten mutluyum. Başardıklarımdan gurur duyuyorum, hayatımda çok fazla şey yaptım. Olduğum kişiden memnunum. Eğer kilo verirsem birini bulacağım ve bir ilişkide olmam lazım, çünkü kilo verdiğinizde böyle olur.

V: "Bir dakika bekle; kilo vermek istediğini söyledin, şimdi de kilondan memnun olduğunu söylüyorsun."

D: "Sanırım kilo vermem gerekiyor ama sağlığım için, bir erkek için değil."

V: "Tamam, şimdi neden bir erkek için kilo vermediğini konuşalım. Ne demek istedin?"

D: "Eğer incelirsem ailem benden bir eş bulmamı bekleyecek ve ben bir eş bulursam, değişmek zorunda olacağım; başka biri olmak zorunda kalacağım."

V: "Şunu doğru anlayalım: Eğer zayıflarsan bir erkek bulmak zorundasın. Şimdi birini bulmak istemez misin?"

D: "Hayır, eğer şimdi birini bulursam, beni ben olduğum için sevmez."

V: "Birinin senden etkilenmesini istemez misin?"

D: "Sanırım isterim."

V: "Tamam o zaman, baştan başlayalım. Kilo vermek istiyorsun, değil mi?"

D: "Evet."

V: "Kilo verirsen ne olur?"

D: "Annem beni kıskanır, kız kardeşim sinirlenir ve ben hayatımı değiştirmek zorunda kalırım."

V: "Neden hayatını değiştirmek zorunda kalacaksın?"

D: "Zayıf olacağım için yine randevulaşmak zorunda kalacağım."

V: "Randevuya çıkmaktan korkuyor musun?"

D: "Son birkaç ilişkim işe yaramadı."

V: "Bu ne demek?"

D: "Ben onları sevdim ama onlar beni terk etti, yani artık kimseyle çıkmak istemiyorum."

V: "Tamam, yani artık ilişki yaşamak istemiyorsun."

D: "Birini istiyorum ama gerçekten değil. Herkes benim biriyle birlikte olmam gerektiğini düşünüyor."

V: "Kendin olduğun için sevilmenin nasıl bir his olduğunu biliyor musun?"

D: "Beni sevdiklerini söylediler ama gerçekten kim olduğumu öğrendiklerinde, daha fazla beni sevmediler."

V: "Olan şey bu muydu?"

D: "Bence böyle oldu, ama aslında bilmiyorum."

V: "Birini sevmenin ve seni sevmesine izin vermenin nasıl bir his olduğunu bilmek ister misin?"

D: "Evet isterim."

V: "Sana sevilmenin ve birinin seni sevmesine izin vermenin ne demek olduğunu yükleyeyim. Şimdi, kilo verebileceğini ve kendinden memnun olabileceğini sana öğretmeme izin verir misin? Eğer istersen bir ilişkiye girmek için acele etmeyeceğini?

D: "Evet, istediğim şey bu. Biriyle birlikte olmam gerektiğini hissetmek istemiyorum."

V: "Tamam, o zaman bu hisleri ve bunları bilmeyi yükleyelim. Şimdi, eğer seni sen olduğun için gerçekten seven biri olsaydı, sana ne olurdu?"

D: "Bilmiyorum. Kim olduğumu gerçekten bilmiyorum."

V: "Kendini bilmek ister miydin?"

D: "Olmam gereken kişiyi biliyorum; annem bana kim olmam gerektiğini söylüyor, kız kardeşim kim olmam gerektiğini söylüyor ve erkek kardeşim de aynı şeyi yapıyor."

V: "Olmak istediğin kişiyi yaratabileceğini bilmek ister misin?"

D: "Evet, bunu isterim."

V: "İnce, güzel ve güçlü olabileceğini bilmek ister misin?"

D: "Evet, güçlü olmak isterim ama ince olmaktan korkuyorum."

V: "İnce olursan ne olur?"

D: "Bilmiyorum; hiçbir zaman ince olmadım."

V: "Değişiklik yapmaya hazır olduğunu, ince, güzel, sağlıklı ve güçlü olabileceğini bilmek ister misin?"

D: "Evet, bunları isterim ama bir şekilde, göründüğüm hâli seviyorum. Kendimden nefret etmiyorum ve şişman olduğumu düşünmüyorum."

V: "Kilo vermen gerektiğini düşünüyor musun?"

D: "Birkaç kilo vermeye ihtiyacım olduğunu düşünüyorum."

V: "Ne kadar kilo vermek istiyorsun?"

D: "25–30 kilo kadar versem kötü olmaz"

V: "Vermek istediğin kilo bu mu?"

D: "Gerçekten hoş ve ince olmanın nasıl hissedildiğini bilmek istiyorum. Ama hoş ve ince olursam, artık kendim olamam."

V: "Sana kendin olmayacağını düşündüren şey nedir?"

D: "Çünkü değişeceğim. Hepsi değişir. Hoş olduklarında, hepsi değişir."

V: "Hem hoş olup hem de istediğin kişi olabileceğini bilmek ister misin?"

D: "Evet, isterim."

V: "Hoş olmanın nasıl hissedildiğini, nasıl hoş olacağını, hoş olmaya ve istediğin kişi olmaya izinli olduğunu bilip bilmediğini kontrol etmeme izin verir misin?"

D: "Evet, bunu isterim."

V: "Sevilen ve arzu edilen biri olduğunu bilmek ister misin?"

D: "Evet, bunu isterim."

V: "Rahat olabileceğini ve istediğin kişi olabileceğini bilmek ister misin?"

D: "Evet, bunu isterim."

Konuştuğumuz hisleri ve bilgiyi ona yükledim ve kilo vermeye hazır olup olmadığını test ettim.

Kilo vermeye hazır olmakla ilgili test cevabı olumluydu, sonrasında kendini ince ve güçlü hissetmenin nasıl hissedildiğini hayalinde canlandırmasını istedim.

Yine "Annem ve kız kardeşim bana kızacaklar," ifadesini kullandı.

Bu doğru olabilir, bu nedenle bunun olmayacağını ona yükleyemem. Bunun yerine "İnce ve güçlü olmak ve yine de sevilmek mümkündür" yüklemesini yaptım. Ayrıca "Ailemin bir parçası olmak için ağır olmak zorunda değilim" yüklemesini de yaptım.

Kilo vermeye başlaması için yeterince inanç çalışması yapmış mıydık? Kesinlikle. Yapılması gereken daha fazla inanç çalışması var mıydı? Tabii ki vardı ama bu, kalp şarkısıyla hüznünü bırakmasından sonra gelecekti.

Bu inanç çalışması ayrıca olduğun kişi olduğun için sevilmeye de hitap eder. "Beni benim için sevecek birini istiyorum" diyen metafizik kadınları seviyorum. Beklenen eş, şimdi olduğunuz kişi olduğunuz için sizi sevebilir ya da ince olduğunuzda da sizi sevebilir. Ve belki de siz kendinizi ince olduğunuzda daha çok sevebilirsiniz veya sevmeyebilirsiniz.

Bazıları için kilo vermek, hayat değiştiren bir deneyimdir. Bazıları için değildir. Bunların çoğu motivasyona ve kilo vermek isteyen insanın inanç sistemlerine bağlıdır.

Örneğin, birkaç yıl içinde yaptığı çoklu doğum nedeniyle şişmanlayan bir kadın tanıdım. Bir gün, yeterince aşırı kilolu olduğuna karar verdi ve "mide kelepçesi" (mide küçültme) ameliyatı olmaya karar verdi. Ameliyat olacağını bana söylediğinde endişelendim çünkü işlemin tehlikeli olabileceğini biliyordum. Genelde bu operasyonu yaptıranlar yeterli besini özümsediklerinden emin olmak için hayatlarının geri kalanında B vitamini alıyorlardı.

Buna rağmen, bu kadın ameliyat oldu, bir yıl sonra çok fazla kilo kaybetmişti ve üzerinde kalan fazladan deriyi kestirmek zorunda kaldı.

Çok fazla kilo verdi, göğüsleri çok küçük kaldı, bu nedenle bıçak altına yattı ve göğüs büyütme operasyonu geçirdi. Bu operasyondan enfeksiyon kaptı ve bir süre çok hasta oldu.

Bu arayıştan sonra sonunda iyileşti ve ameliyatları son buldu ama hiç bir zaman çok fazla yiyemedi ve gazoz içemedi.

Her şey bittiğinde, kaybettiği yağ miktarı nedeniyle, 20 yaşında bir kadının bedenine ve 90 yaşında bir kadının kırışmış yüzüne benzeyen bir surata sahipti. Onu artık tanıyamıyordum! Bedeni de değişime uyum sağlayamamıştı; sanki birisi bir balona iğne batırmış ve içindeki bütün havayı boşaltmış gibiydi.

Kilo verip kendini farklı hissettiğinde ne yaptı dersiniz? Üniversiteden beri birlikte olduğu kocasına karşı alıngan ve saldırgan olmaya başladı.

"Tüm bu yıllar boyunca bana karşı hep acımasız oldun," dedi ona, "şu an zenginiz, paranın yarısını alıp gideceğim." Ve bunu yaptı.

Kilo vermek için ameliyat olmasının ardındaki neden neydi? Kilo verip kocasını terk etmek mi, yoksa varlığını bilmeden temsil ettiği bir bilinçaltı program mı? Bundan hiç emin olamayacağız, o da olamayacak.

Kabul etmeliyiz ki çoğu insan bu ameliyatları isteme noktasında olmayacak. Ve çoğu doktor bu ameliyatları, eğer faydaları zararlarından daha fazlaysa yapacaklar.

Bu kadın sıra dışı bir örnekti. Onun hikâyesinden çıkacak ders, eğer kilo vermek istiyorsan, kendin için sağlıklı bir hızda kilo ver. Egzersiz yapmaya başladığınızda, herhangi bir günde yaklaşık 1 kilo verdiğinizi fark edebilirsiniz ama 1 ayda ancak 7 kilo verebilirsiniz. Bu, bedeninizin ve çevrenizin size uyum sağlamasına yardımcı olur. Bilinçaltı zihniniz de değişikliklerle başa çıkabilir, sağlıksız kilo vermenin aksine sağlıklı şekilde kilo verebilirsiniz.

Çoğu insanın yapmaya ihtiyacı olan şey, bilinçaltlarının kendilerini algılama şeklini değiştirebilmesi için inançlarının yönünü –rahat bir biçimde– değiştirmektir.

Altta yatan inançların kiloyu ve ilişkileri nasıl etkileyebileceğine dair aşağıda başka bir örnek bulunuyor.

İnanç Çalışması: Kıskançlık

Bu seans, aşırı kilolu, genç bir kadınla yapılmıştır.

V: "Biraz kilo vermek istiyor musun?"

D: "Evet istiyorum. Eskiden olduğum gibi ince ve güçlü olmak istiyorum."

V: "Tamam, gözlerini kapatmanı, derin nefes almanı ve güçlü, ince ve sağlıklı olmanın nasıl olduğunu hayal etmeni istiyorum."

Danışan, sandalyesinde kıpırdanmaya başladı.

D: "Bu harika hissettiriyor. İyi hissediyorum."

V: "Tamam. Sen ince, güçlü ve sağlıklı olduğunda insanlar sana nasıl davranacak?"

Danışan oldukça rahatsız oluyor.

D: "Tekrar tekrar yapmak zorunda kalacağım."

V: "Neyi tekrar yapacaksın?"

D: "Kıskançlık konusunu. Kocam, başka biriyle onu terk edeceğimi düşünecek ve biz bu kıskançlık meselesine yeniden döneceğiz."

V: "Kıskaçlık meselesi nedir?"

D: "Ben hoş ve güçlü olduğumda o güvensiz hâle geliyor. Onu terk edeceğimi düşünüyor ve çok kötü kavgalar ediyoruz. Korkunç oluyor. Bu yüzden, ince olmak istediğimi sanmıyorum, yalnızca güçlü ve sağlıklı olmak istiyorum."

V: "Peki. Kendini güçlü ve sağlıklı olarak düşünmeni istiyorum."

D: "Onun, bana bunu yapması yanlış."

V: "Fazladan kıskançlığa neden olmadan güçlü olabileceğini bilmek ister misin?

D: "Ah, bu imkânsız! O her zaman kıskanır, eğer ben güçlü olursam, işler daha da kötüleşir."

V: "Sadık olduğunu bilmenin nasıl hissedildiğini bilmek ister misin; her şeyin berrak ve iyi olduğunu ve onunla sorunlarını çözebileceğini?"

D: "Bu çok saçma. Bu işleri yoluna koyamam. O her zaman böyle."

V: "O ne kadar zamandır böyle?

D: "Tam olarak bilmiyorum. Benimle tanıştığında böyleydi."

V: "Ne kadar zamandır birliktesiniz?"

D: "15 yıldır birlikteyiz."

V: "Seni seviyor mu?"

D: "Evet, beni seviyor."

V: "Sana güveniyor mu?"

D: "Evet, şu an kilolu olduğum için bana güveniyor."

V: "Eğer ince olsaydın sana güvenip güvenmeyeceğini ona sor."

D: "Tamam, soracağım."

V: "Hem ince hem sadık olabileceğini sana göstermemi ister misin?"

D: "Tamam."

V: "Merak ettiğimden soruyorum, eğer daha ince olsaydın onu aldatır mıydın veya terk eder miydin?"

D: "Belki."

V: "Eğer kilo verirsen hem sadık hem de ince olabileceğini sana göstermeme izin verir misin?"

D: "Tamam."

Bu şekilde bir inanç çalışması, ideal kilonuzu bulma sürecinizin tamamında yardımcı olabilir. İdeal kilonuza doğru yol alırken inanç çalışmasını kullanmak sürecinizi yumuşatacaktır. Ortaya çıkan hislerle veya kilonun ilk etapta alınma ve verilme nedenleriyle başa çıkmanızda yardımcı olacaktır.

4

KİLO VERMEK İÇİN 2. ADIM: KİLO VERMEK İÇİN TAVSİYE EDİLEN GIDA TAKVİYELERİ

Kilo vermeye başladığınızda, yakında kaybedeceğiniz kilonun yerine, size enerji sağlayacak aşağıdaki ek besinleri kullanmanızı tavsiye ederim. Çoğu insanın gıda takviyesi almayı sevmediğini biliyorum ancak burada tavsiye ettiğim ek besinler size yalnızca enerji vermeyecek, ayrıca egzersiz yapmaya başladığınızda, kriz zamanlarında da yardımcı olacaktır.

KRİZ Mİ? NE KRİZİ?

Düzenli egzersize başladığınızda pek çok şey –atık maddeler dâhil– harekete geçer ve kan dolaşımınıza karışır. Bedeniniz, atık maddeleri düzenli bir şekilde atmak üzere tasarlanmıştır. Ancak temizlenebilecek olandan daha fazla atık madde üretildiğinde (ya da bedene girdiğinde), bu fazla toksinler bedenin yağ dokuları tarafından etkisiz hâle getirilmek için sarmalanır. Egzersiz yaptığınızda ve yağ yakma noktasına ulaştığınızda, bir kez daha bu toksinleri sisteminize salarsınız. Eğer bu çok hızlı olursa yorgun hissetmeye başlarsınız, kaslarınız ağrır ve bedeninize salınan toksin miktarına göre diğer semptomları bol miktarda yaşarsınız.

Her gün egzersiz yapmaya azmetseniz ne olur? Genellikle ilk günün sonunda, kendinize, "Hey, başardım! Çok kötü değildi!" dersiniz.

İkinci günün sonunda, "Tamam, biraz ağrım var ama çok kötü değil," dersiniz.

Üçüncü günün sonunda şöyle söylersiniz: "Yapmak istemedim ama yaptım! Şu an yalnızca yorgunum, kaslarım ağrıyor, çok iyi hissetmiyorum, gerçekten acıyor..."

Dördüncü gün, sıra egzersize geldiğinde kendinize, "Yorgunum, her yerim ağrıyor, bugün dinlenmem gerekiyor! Bu kadar egzersiz yeter!" dersiniz.

Vücutta olan şey, toksinlerin yağ hücrelerinden sisteme salınması ve karaciğerin bundan etkilenerek sizi yorgun hissettirmesidir. Böylece vücut beyne gönderebileceği tek mesajı gönderir ve bu: "Sen deli misin? Egzersiz yapmayı bırak!" olur.

Senaryonun tümü bir paradokstur, çünkü siz daha fazla egzersiz yaptıkça kaslarınız bedenin ağrıyı kesmesi ve sizi güçlü kılması için ihtiyacı olan kortizonu daha iyi salgılar ama egzersiz yaptığınız için bedeniniz toksinlerden dolayı çok yorulmuştur ve çok kötü hissediyorsunuzdur, böylece kaslarınız görevi devralıp işlerini yapana kadar egzersiz yapmayı bırakırsınız.

GIDA TAKVİYELERİ

Gıda takviyeleri burada yardımcı olabilir. Bununla ilgili nedenlerden biri de psikolojiktir: Çoğu insan kendi iyileşme süreçlerinde aktif olarak yer almak isterler ve eğer iyileşmenin hemen işe yarayacağını düşünmezlerse, genellikle bu hileyi gıda takviyesinin yapacağına inanırlar. Bu açıdan, bazılarında gıda takviyeleri gerçekten işe yarar.

Bazı takviyeler bedeni anında etkiler ve etkileri 30 dakikadan üç saate kadar değişen sürelerde görülebilir (eğer gıda takviyesine ihtiyacınız varsa böyle olur). Ancak ciltteki bir değişikliği görmek üç hafta alabilir.

Eğer gıda takviyesi alıyorsanız ve yine de daha iyi hissetmiyorsanız ya da herhangi bir değişiklik görmüyorsanız, muhtemelen bedeniniz onları doğru parçalayamıyor ve/veya siz, baştan onları kullanma fikrinden vazgeçmişsiniz demektir. Sağlık bilincine sahip günümüz toplumunda çoğu insanın dolapları, denedikleri ya da kullanmakta oldukları vitaminler ve gıda takviyeleri ile dolu. Bu, tavsiye ettiğim bazı gıda takviyelerini satın almak konusunda sizi ısrarcı bir hâle getiriyor, en azından bazılarınız için bu böyle. Ama her gün gıda takviyesi alma disiplini olmayan insanlar olduğunun da farkındayım. Bazıları da bütün besinini yiyeceklerden almaları gerektiğini düşünüyor ve bu nedenle gıda takviyesi alma konusunda tamamen isteksizler.

Gıda takviyesi alımıyla ilgili ana problem, aslında tutarlılıktır. Ben kilo vermeye çalışırken bir şişe gıda takviyesini evde, bir şişesini de işyerinde tutardım. Böylece, sabah evde almayı unutursam, işyerinde alabiliyordum.

KİLO VERMEK İÇİN TAVSİYE EDİLEN GIDA TAKVİYELERİ

Aşağıda, kendi kilo verme programınız için kullanışlı olabilecek bazı takviyeler var. Kilo kaybıyla birlikte salınabilecek fiziksel toksinlerin yok edilmesinde yardımcı olacaklardır.

1. Molibden, omega-3ler, elma sirkesi ve ALA (Alfa Lipoik Asit) şarttır.

2. İkinci en önemli gıda takviyesi grubu ise lesitin, resveratrol (şarabın içinde bulunan antioksidan bir madde) ve amino asitlerdir.
3. DHEA, E vitamini, greyfurt özütü, kaktüs suyu ve Hint dutu isteğe bağlıdır.

Dikkat! Eğer herhangi bir ek gıda takviyesi almayı seçerseniz, obezler için, faydalı olan bitkilerin çoğunun tehlikeli olabileceğini unutmayın. İçlerinde bir tür kafein olduğu için bedenin organlarında iz bırakırlar. Örneğin, efedra (ma hung) daha hızlı ve güçlü atması için kalbi uyarır. Bazı bitki uzmanları efedrayı guarana ile birleştirirler. Bu bazılarının kilo vermesine yardımcı olsa da, az sayıda ölüme de yol açmıştır.

1. Gerekli Ek Besinler

Molibden

Molibden, maya yapımını durdurabilir. Mayanın kilo kaybıyla ilgisi olduğu için özellikle bahsedilmesi gerekiyor. Aşırı derecede mayanın varlığı astım, zayıflık, baş ağrısı, yorgunluk, sonuncu ve çok önemli olarak da kilo alımına katkıda bulunabilir.

İnsanlar kendilerine karşı çok eleştirel ya da kendilerine çabuk kızan kişiler olduklarında, maya problemi yaşıyor olabilirler. Antibiyotikler maya enfeksiyonlarına neden olabilir. Bağırsaklardaki maya sinüsleri etkileyebilir.

Sezgisel olarak, maya bedende tozlu, sisli veya bulutlu enerji gibi görünebilir. Aşırı kilolu insanların çoğunun sistemlerinde yüksek miktarda maya olduğunu fark ettim.

Maya, atık madde olan asetaldehid üretir. Bedende yavaşça parçalanır, yağ hücrelerinde depolanabilir. İnsanlar kilo vermeye başladıklarında, oluşan mayadan dolayı tükenmişlik yaşarlar ve asetaldehid bedene salınır. Sonrasında karaciğer aşırı yorulur ve sistemdeki toksinleri atarken zorlanır. Asetaldehid; beyne, kan dolaşımına, eklemlere ve akciğerlere gidebilir ve hafızaya zarar verebilir. Bu şekilde, bedenin yaptığı ilk şey beyne egzersizi durdurmak için mesaj göndermesidir!

Bu durumda molibden gıda takviyesi çok faydalı olabilir, çünkü asetaldehidi ürik asite çevirerek sistemden atmaya yardımcı olur. İlk olarak 300 mg ile başlamak, sonra birkaç ay için 500 mg almak, sonra kullanımı bırakmak ve daha sonra kullanmayı düşünmek tavsiye edilebilir. Molibden zihninizi berrak tutacak ve asetaldehidin bedenden atılmasını sağlamanın yanı sıra, bilinç bulanıklığını engelleyecektir.

Maya, öfke ve kırgınlık sorunlarıyla ilgilidir ve onlar tarafından tutulur. Aşağıdakileri yükleyin:

- “Sevildiğim bir ortamda olmanın nasıl hissedildiğini biliyorum.”
- “Takdir edilmenin nasıl hissedildiğini biliyorum.”
- “Başkalarına ve kendime kırılmadan hayatımı nasıl yaşayacağımı biliyorum.”
- “Başka bir insanın ne düşündüğünü ve hissettiğini anlamanın nasıl hissedildiğini biliyorum.”
- “Beden içinde sezgisel olarak görmenin güvenli olduğunu biliyorum.”
- “Maya ve mantardaki sezgisel değişikliklere tanık olmanın nasıl hissedildiğini biliyorum.”

Birinin bedenindeki mayanın tamamen ölmesinin sezgisel olarak emredilmesi tavsiye edilmez. Bedenin işlemesi için belirli bir miktarda mayaya ihtiyaç vardır. Molibden kullanmadan önce mutlaka doktorunuza başvurun.

Maya şekeri sever ve şekerin fazlalığı bedende yaşaması için ihtiyacı olan şeydir. Bu nedenle maya problemi olanlar alkali diyet uygulamalıdır; çünkü bu, şekerin mayasını öldürür.

Omega-3ler

Kilo vermeyi kolaylaştıracak şekilde, kötü kolesterolün parçalanmasına yardımcı oldukları için omega-3 yağ asitlerini her gün almak önemlidir. Yaşamak için kolesterolünüzün olması gerektiğini anlamanız önemlidir. Olan şey ise; insanlar çoğu zaman çok fazla et ve kızarmış yiyecek yerler, böylece sistemlerinde iyiden fazla kötü kolesterol bulunur. Omega-3 ayrıca serotonin kullanmamızı sağlar, bu da ruh hâlimizi düzeltir. Omega-3ler, siz egzersiz yaptıkça ve hormon seviyeniz yukarı aşağı hareket ettikçe sizi depresif olmaktan uzak tutar.

Omega-3ler ayrıca cildinizin ve saçlarınızın sağlıklı olmasına da yardımcı olurlar.

Satın aldığınız omega-3lerin çoğu balık yağından yapılır. Bu, okyanustan gelir ve cıva içerebilir, yani diğer kaynaklar da düşünülmelidir. Avokadolar, yabani pirinç, ceviz, kanola yağı (kolza yağı), keten tohumu, soya fasulyesi omega-3 yönünden zengindir.

Keten tohumu yağında omega-3 (ve az miktarda 6) bulunur. Keten tohumu yağı, alfa linolenik asid açısından çok zengin olan linum usitatissimum (keten) bitkisinden gelir: Akdeniz diyeti alfa linolenik asit açısından yüksektir ve koroner atardamar hastalıklarını ve bazı kanser türlerinin risklerini azaltıyor gibi görünüyor.

Keten tohumu yağının damar sertliğinde yardımcı olabileceği, kalp krizlerini ve felçleri önleyebileceği, kireçlenmenin etkilerini hafifletebileceği çalışmalarla kanıtlanmıştır.

Bazı tavuk yetiştiricileri, yumurtalardaki omega-3 yağ asitlerini sıradan yumurtalarda olanın 8–10 katına çıkararak tavuklarını keten tohumu açısından zengin bir diyetle beslemeye başlamışlar. Bu yeni bütünsel düşünme tarzı nihayet çiftçilerimize ulaştı!

Kilo verme ile ilgili olarak, keten tohumu yağındaki iyi yağlar, yiyeceklerdeki kötü yağın ve bedeninizdeki yağın dönüştürülmesine yardımcı olur. Kireçlenmenin sertleşmesini tedavi etmede kullanılır, kalbe faydalı olabilir ve cildi güzelleştirir.

Lor peyniri ile bir yemek kaşığı keten tohumu yağının, bağışıklık sistemini güçlendiren interferon salgılanmasını sağladığı söylenir.

Keten tohumu yağının içinde bir miktar omega-6 bulunur, bazı kanser türlerine sahip kadınlar ve daha önce kanser olmuş kadınlar kullanmadan önce doktorlarına danışmalıdırlar. Keten tohumu yağındaki omega-6 bazı kadınlarda menopozu erteleyebilir.

Yağlarınızı küflenmekten korumanın en iyi yolu, onları mümkün olduğunca buzdolabında saklamaktır.

Elma Sirkesi

Elma sirkesi fermente edilmiş (mayalanmış) olgun elmalardan yapılır ve son ürünün elde edilmesi için sıkı bir süreçten geçer. Sirke; bir sürü vitamin, beta karoten, pektin içerdiği gibi, potasyum, sodyum, magnezyum, kalsiyum, fosfor, klor, sülfür, demir ve florin gibi çok önemli mineraller de içerir. Organik elma sirkesinin sağlık için tüm faydaları bu besinlerin varlığına atfedilmiştir.

Tüm faydalarından yararlanabilmek için yalnızca doğal, organik elma sirkesi türünü kullandığınızdan emin olun. Sirke, kahverengi olmalı ve "ana" maddesi sirkenin dibinde yüzüyor olmalıdır.

Elma sirkesi önemli miktarda pektin içerir ve bunun kan basıncını düzenlemeye ve vücuttaki kötü kolesterolü düşürmeye yardımcı olduğu bilinmektedir.

Elma sirkesi ayrıca potasyumla doludur. Bu nedenle saç dökülmesi, zayıf tırnaklar, kırılgan dişler, sinüzit ve burun akıntısı gibi çok çeşitli rahatsızlıkların tedavisinde kullanılır.

Elma sirkesindeki beta karoten, daha sağlam bir cilt ve genç görünüm sağlamada yardımcı olarak serbest radikallerin verdiği zararı yavaşlatmaya yarayabilir.

Elma sirkesinin; diğer hastalıkların yanı sıra kabızlık, baş ağrıları, romatizma, zayıf kemikler, hazımsızlık, yüksek kolesterol, ishal, egzama, göz iltihabı, kronik yorgunluk, hafif gıda zehirlenmesi, saç dökülmesi, yüksek tansiyon ve obezite gibi rahatsızlıklarda yardımcı olduğu iddia ediliyor. Yağların parçalanmasına destek olarak kilo kaybını kolaylaştıracağından kilo vermek isteyenler için faydalıdır.

Sirke içmek için en iyi zamanın sabah kalktığımız zaman olduğu söylenir. Bir su bardağı suya sirkeden ve baldan 2 yemek kaşığı karıştırarak içmek tavsiye edilir.

Elma sirkesi, lenf sisteminizin temiz kalmasına yardımcı olur ve kilo verme programında omega-3ler kadar önemlidir. Kilo verirken, her gün bir su bardağı suya bir yemek kaşığı elma sirkesi karıştırıp içmeniz lenf sistemini temizlemeye yardımcı olur.

Alternatif sektördeki sağlık faydaları belgelendiği için elma sirkesini istediğiniz kadar uzun kullanabilirsiniz. Yine de, elma sirkesi diş minesi üzerinde güçlü olduğu için çok uzun kullanımı önerilmez. Üç ay kullanma, sonraki üç ay kullanmama düzeni en iyisidir.

Alfa Lipoik Asit (ALA)

Alfa lipoik asit sizi güçlü tutar ve karaciğerinizin, toksinleri vücuttan atmaya yardımcı olan ve size enerji veren bir amino asit olan glutatyon üretmesine yardımcı olur. Bu şöyle çalışır: Hücre içindeki mitokondria, hücredeki ATP adı verilen tüm enerjiyi tutar. Enerjiye ihtiyacımız olduğu zaman ATP salarlar. ATP salındığında, bir miktar oksijen de atık madde olarak salınır. Buna serbest radikal denir. Oksijen cğer doğru içerikte değilse, beden içinde çok ağırdır. Yani, serbest radikallerin negatif etkilerine karşı koymak için vücut onlara antioksidanları ekler. ALA antioksidan yapımına yardımcı olur.

ALA ayrıca, kandaki glikoz seviyelerini korumaya yardımcı olabileceği için diyabetlilerde de etkili olduğu görülmüştür.

ALA bitki ve hayvan kaynaklarından temin edilebilir. Ben ALA'yı kilo verme programınızın ilk birkaç haftasında kullanmanızı tavsiye ederim ya da belki hayatınızın geri kalanında! Keten tohumu yağıyla birlikte kullanılmalıdır. Keten tohumu yağı, ALA'nın hücrelerde emildiğini temin ederek, taşıyıcı rolü üstlenir.

2. Önemli Gıda Takviyeleri

Lesitin

Lesitin, kolin ve inositolden oluşan bir lipittir. Hücre zarının ana yapı maddelerinden biridir. Bir omega-6 yağ asitidir ve pek çok işlevi vardır, bu işlevlerinden bir tanesi de hücrenin içine giren ve dışına çıkan besinlerin miktarını kontrol etmektir.

Lesitin soya fasülyesinde, mayada, yer fıstığında, balıkta ve yumurta sarısında doğal olarak vardır. Toz hâlinde, tablet hâlinde ya da bazı karışımların içinde temel unsur olsa da çoğu kilo verdirici gıda takviyelerinin içinde bulunan aktif bir bileşendir, yine de yardımcı olduğuna dair çok az bilimsel kanıt vardır. Buna rağmen, kan dolaşımındaki lesitin varlığının damar tıkanıklığını ve kalp hastalıklarını engellemeye yardımcı olduğu teorisini destekleyen belgeler bulunur. Soya içeren ürünlerin tüketiminin kalp hastalıklarının gelişme şansını düşürdüğü iddialarının arkasındaki düşünce, lesitinin, yağı kan çözeltisinin içinde tutmaya yardımcı olma becerisidir. Çoğu gıda takviyesinin içindeki lesitinin kaynağı soya fasulyesidir.

Lesitin tüm vücudunuza yardımcı olur. Atardamarları açık tutar, erkeklerin enerjilerini yüksek tutmaya yardımcı olur ve cinsel dürtüyü yükseltir. Damarlar ve atardamarlar için faydalıdır ama bir kilo verme programında kesin şart değildir. Herhangi bir kanser türünde hastalığı olanlar kullanmadan önce doktora danışmalıdırlar.

Resveratrol

Resveratrol çoğu bitkide bir seviyeye kadar olan ama en yoğun şekilde asma üzümde bulunan bir maddedir. Beyaz şaraba göre kırmızı şarapta daha fazladır. Bunun nedeni kırmızı şarabın hazırlanmasında üzümlerin hem kabuğunun hem de çekirdeklerinin kullanılmasıdır. Resveratrol, kırmızı şarabın diğer endüstrileşmiş ülkelerden daha fazla tüketildiği Fransa'da koroner kalp hastalıklarının daha düşük olduğu bulgusu olan Fransız paradoksunu açıklayan faktörlerden biri olarak düşünülür.

Resveratrol, tüm dünyada bitkisel tedavilerde kullanılır. Kardiyovasküler (kalp ve damarlar) sistemi korumasının yanı sıra, kansere karşı da bir koruma olarak düşünülür.

Resveratrol gıda takviyeleri kırmızı şaraptan yapılır ve tadı gerçekten güzeldir! Bunları almanızı tavsiye etmemin nedeni, eğer hızlı bir şekilde kilo vermek istiyorsanız çok fazla antioksidanınız ve sağlıklı bir kardiyovasküler sisteminiz olduğundan emin olmalısınız. Resveratrol ayrıca sizi güçlü tutabileceği ve size enerji vereceği için bedenin detoksu (zehirlerden arındırılması) için yardımcı olur.

Amino Asit Kompleks

Amino asit kompleks, incelemek isteyeceğiniz bir şey olabilir çünkü kas yapımına yardımcı olur. Kilo verirken amino asit kompleks kullanımının önemli olduğunu düşünüyorum çünkü size enerji verir ve sizi daha güçlü hissettirir.

3. İsteğe Bağlı Gıda Takviyeleri

DHEA

DHEA vücutta doğal olarak üretilen bir steroid hormonudur. DHEA seviyemiz düşük olduğunda, yaşlanmaya ve hastalanmaya daha yatkın olduğumuzu düşünenler vardır. 1986'da yapılan ve New England Journal of Medicine'de (New England Tıp Dergisi) basılan bir araştırmada, DHEA kan seviyelerinde desilitrede 100 mikrogramlık (mcg) bir artışın, kardiyovasküler rahatsızlıklardan ölümlerde % 48 oranında bir azalmaya ve herhangi bir sebepten ölümlerde % 36 oranında azalmaya karşılık geldiği bulunmuştur.

Ağızdan DHEA alımının etkisi kişiden kişiye değişir. 24 kadın deneyin bulunduğu bir ilaç araştırmasında, ilaç kullananlar ve plasebo kullananlar arasında genel sağlık açısından fark edilir bir gelişme olduğu ve çalışmanın sonunda depresyonun azaldığı görülmüştür.

DHEA içeren ek besin almak kilo vermede yardımcı olabilir. DHEA, böbreküstü bezlerini uyarabilir, pek çok doktor böbreküstü bezlerinin uzun dönemli stres sonrası yenilenmesine yardımcı olması için DHEA'yı reçeteye yazarlar. Testosteron üretimini arttırmak için de kullanılır. Bu nedenle, kadınlar ve erkekler için farklı dozlar önerilir. Kadın için 50 mcg, erkek için de 100 mcg dozu önerilir. DHEA'yı yavaşça azaltmak önemlidir, böylece vücut kortizonu doğal olarak üretmeye başlar.

DHEA kullanımı kilo verme konusunda isteğe bağlıdır ve yalnızca dişil (meme, rahim v.b.) kanseriniz yoksa kullanmalısınız.

DHEA gıda takviyeleri ABD'de yasal olarak üretilir ve satılır. Buna rağmen İngiltere ve Kanada dâhil olmak üzere pek çok ülkede, kalp çarpıntıları dâhil potansiyel ciddi yan etkileriyle ilgili endişeler nedeniyle kullanımı onaylanmamıştır.

Greyfurt Özütü

Greyfurt gıda takviyeleri, her biri değişik sağlık faydası iddia eden üç farklı türde mevcuttur. Her biri greyfurtun başka bir bölümünün özütüdür: Kabuk özütü, çekirdek özütü ve tüm greyfurtun özütü. Greyfurt özütü gıda takviyeleri toz ve kapsül olarak; greyfurt çekirdeği özütü ayrıca sıvı olarak da satılmaktadır.

Tüm greyfurtun özütü gıda takviyesi, bu türün en yeni gıda takviyesi çeşididir ve kabuklardan, çekirdeklerden ve greyfurt suyundan özütleri içine alır. Greyfurt ve kilo verme arasındaki pozitif bağlantı hakkında öne sürülen varsayım yıllardır yayılmıştır; kalori yakmaya, iştahı kesmeye ve açlık hissini kontrol etmeye yardımcı olduğu düşünülür.

Yani greyfurt kilo verme programının bir parçası olarak tavsiye edilir ama ilaçlarla kullanımındaki uygunluğuna dikkat edin!

Kaktüs Suyu Konsantresi

Kaktüs suyu konsantresi, kaynanadili (firavun inciri) bitkisinden gelir ve pek çok çeşitli sağlık sorunları için günlük diyet ve beslenme desteğini sağladığı söylenir. Çoğu beslenme uzmanları, bitki uzmanları ve tıp uzmanları kaynanadilinin ve kaynanadili kaktüsünün bitkisel faydalarını fark ediyorlar.

Kaktüs suyu, çok iyi bir antioksidan kaynağıdır, iltihapla savaşma yeteneği vardır, kolesterolü ve kan şekerini düşürdüğü gözlemlenmiştir. Bazı araştırmalar, kaktüs suyunun diyabette, hiperglisemide (kan şekeri yüksekliği), yüksek kolesterolde, damar tıkanıklığında, bağırsak temizliğinde, sindirim sistemi rahatsızlıklarında ve karaciğer fonksiyonlarında yardımcı olduğunu göstermiştir.

Hint Dutu

Hint dutu, Morinda citrifolia bitkisinin Hawai dilindeki karşılığıdır. Bitki, patates büyüklüğünde meyvesi olan her zaman yeşil bir çalı bitkisidir. Bitkinin suyu; kireçlenme, diyabet, yüksek tansiyon, kas ağrıları ve acıları, adet zorlukları, baş ağrısı, kalp hastalığı, AIDS, kanserler, mide ülserleri, burkulmalar, zihinsel depresyon, bunama, sindirim zorluğu, damar tıkanıklığı, kan damarı sorunları ve ilaç bağımlılığı dahil çok çeşitli hastalıklar için alternatif tıpta rağbet görmektedir. Hint dutu, modern bitki uzmanlarının, tıp doktorlarının ve yüksek teknoloji biyokimyacılarının dikkatini çekiyor ve son bir kaç on yılda yapılan araştırmalar, özelliklerinin iddialarını destekliyor. Hint dutu meyvesinin suyunun faydalarıyla ilgili bilimsel kanıt sınırlıdır ama soğuk algınlığı ve gribin başarılı tedavisiyle ilgili bazı kanıtlar vardır.

Hint dutunu hemen rejiminize dahil edebilirsiniz çünkü çok sert bir parazit temizleyicisi değildir. Yine de çok fazla sayıda paraziti temizler. Bağırsak kurtlarını durdurmaz ama tropik iklimlerde ya da yerlerde olabilecek kurtlar konusunda yardımcı olabilir.

Not: Her gün gıda takviyesi almaya başlarsanız ve sonra görünür bir sebep olmadan aniden almayı bırakırsanız, araştırılması gereken bir inançla karşılaşmışsınız demektir.

ALDIĞINIZ GIDA TAKVİYELERİNİ KUTSAMAK

Marketten bitki, vitamin veya herhangi bir yiyecek alırken Her Şeyin Yaratıcısı'na aldığınız şeyin sizin en iyi ve en yüce hayrınıza olup olmadığını sorun. Bunu, ürünü tutarken Yaratıcı'ya bağlanarak ve basitçe sizde bırakacağı etkinin doğru olup olmadığını veya maddenin sizin en iyi ve en yüce hayrınıza olup olmadığını sorarak yapabilirsiniz. Enerji testi ve pandüller (sarkaç) genellikle burada kullanışlı değildir, çünkü bilinçaltı zihnin cevaba etki etme eğilimi vardır. En iyisi Yaratıcı'ya sormaktır.

Madde bir kez testi geçerse, en yüksek potansiyeli, etkinliği ve kaliteyi garantilemek için kullanımından önce kutsanmalıdır. Her şeyin bir bilinci olduğundan ve tükettiğimizde bu özü emdiğimizden, yediğimiz her yiyeceği ve bitkiyi kutsamamız gerekir! Eğer bu maddeler hak ettikleri saygıyla muamele görmezlerse, onları yemenin faydaları azalmış olur.

Bu, reçeteli ilacınıza bir yükleme yapmanızı gerektirir. İlaçlarınızdan nefret etmeyin, ilaçlarınızı ve gıda takviyelerinizi aşağıdaki şekilde kutsayın:

İlaçlarınızı ve Gıda Takviyelerinizi Nasıl Kutsayacaksınız?

- Kendinizi kalbinizde merkezleyin ve her şeyin bir parçası olan Toprak Ana'nın merkezine gittiğinizi hayal edin.

- Enerjiyi ayaklarınızdan, taç çakraya kadar her çakrayı açarak yukarı çıkardığınızı hayal edin: Güzel bir ışık topunun içinde, evrene doğru yükselin.
- Evreni geçin, tüm ışıkları geçin, çok parlak ışığı geçin. Yasalar denilen jölemsi maddeyi geçin, incimsi yanardöner parlak beyaz ışığın olduğu Yedinci Varoluş Seviyesi'ne gelin.
- Emri verin: "Her Şeyi Yaratan, aldığım bu ilacın, üretildiği zamandan şimdiye ve geleceğe kadar kutsanması emredilir. Yan etkileri olmadan bana en iyi etkiyi verebilmesi için bedenimde emilmesi yeteneğiyle kutsansın. Teşekkür ederim. Oldu, oldu, oldu."
- Enerjinin, alanınıza bedeninizin tüm hücreleri aracılığıyla girdiğini hayal edin.
- Bitirdiğinizde, yine her şeyin enerjisiyle bağlantı kurun, derin bir nefes alın ve eğer seçerseniz enerjiyi kesin.

PARAZİTLER

Ben küçük bir kızken asla erken kalkamazdım, hep yorgun ve sıskaydım. Annem bana ve kız kardeşime, "Sizde bağırsak kurdu olmalı! Çok sıskasınız," derdi.

Parazitlerin ne yaptıklarını bilir misiniz? Başlangıçta sizi çok sıska yaparlar. Aslında, 1920'lerde aktörler ve aktrisler ince kalmak için bağırsak kurdu alırlarmış. Ancak bu yapıldıktan sonra başa gelecek olan şey, vücudun açlıktan öldüğünü düşünmesi ve yağ depolamaya başlamasıdır.

Annem haklıydı: Kız kardeşimde ve bende bağırsak kurdu vardı. Bende olduğunu düşünüyorum çünkü sürekli yalınayak gezerdim. Sonunda, yaklaşık 20 sene önce, ilk limon temizliği yaptığımda, üç ayaklı bir bağırsak kurdu döktüm. Ondan sonra, sabahları uyanabilmeye başladım ve birden insan ilişkilerinde parazitlerin rolünü fark ettim.

Yaz eğitimlerimden birine gelen bir öğrencimin sağlıksız derecede zayıf olduğunu fark ettiğimde, parazitleri olduğunu hissettim ve protein karışımları kullanmasını, vitamin almasını ve en önemlisi de hint dutu suyu ile parazit temizliği yapmasını önerdim. Bunları uyguladı, yaklaşık 16 kilo aldı, kaslarını ve gücünü geri kazandı.

Parazitler iki şey yapabilir: Sizi aşırı zayıf yapabilir veya çok fazla kilo almanıza neden olabilirler; ama her zaman sonuçta kilo aldırırlar, çünkü vücudunuz açlıktan öldüğünü zannederek yağa tutunur.

Parazitler ayrıca bağırsağa girip çok fazla asit artığı bırakabilirler. Vücudunuz, bu kadar fazla asitle yaşayamayacağını bilir ve onları dışarı atmaya çalışarak yağ hücrelerinin içine koymaya çalışır. Bu, bedeniniz hayatta kalmak için alkali denge sürdürmesi gerektiğini bildiğinden bu şekilde olur.

Bu türden parazit enfeksiyonları obeziteye yol açabilir. Basit bir bitkisel parazit temizliğinden sonra 4,5-9 kilo arası zayıflayan insanlar vardır. Biraz aşırı kilolu olan insanlarda parazit görülmesine sıkça rastlanır. Aşırı kilolu ya da çok zayıf olmayan sağlıklı insanların bile yılda en az bir kez parazit temizliği yapması gerekir. İnsanlara parazitler nedeniyle aşırı kilolu olabileceklerini söylediğimde, bunun onların kendilerine bakışını değiştirmesi ilginçtir. Kendilerini suçlamak yerine, bu kadar kilolu olmalarının nedeninin bir parazit olduğunu düşünmeye başlarlar ve belki de hayatlarında ilk kez, yaşamlarında değişiklik yapmak için olasılıkları araştırmaya ve adım atmaya başlarlar.

Parazitler iki yolla gelir:

1. Mikroplar olarak (küçük minik şeyler, uzun solucanlar ve bakteriler).
2. Kendilerini hoş olmayan şekilde size yükleyen ve/veya enerjinizin çoğunu alan insanlar olarak.

Parazit enerjisinin hayatınızdan çekilmesi kilo verme becerinizde büyük bir fark yaratabilir.

Parazit Temizliği

Parazit temizliği üç yolla yapılabilir.

1. Doktora gidip kontrolden geçerek.
2. Parazitlerin kendilerini size yüklemesini sağlayan programların kaldırılması için inanç çalışması yaparak.
3. Bitkisel parazit temizliği yaparak.

Aslında bu üçü sırayla olabilir. Bitkisel parazit temizliği sırasında, temizlenmesi gereken inançlar ve hisler ortaya çıkabilir. Kilo ile ilişkilendirebileceğiniz herhangi bir parazit programınız üzerinde inanç çalışması yapmak en iyisidir.

Kendinize sormanız gereken sorular:

- "Hayatımdaki parazit insanlar kimler?"
- "Kime güceniyorum/kırılıyorum?"

Bu insanların kim olduklarına ve neden bu insanları hayatınızda tutmanız gerektiği konusunda ne hissettiğinize bakmak, altta yatan inançları ve programları ortaya çıkaracaktır.

Parazitlerin bizi fiziksel bir seviyenin daha üstünde bir yerde etkilediğini fark etmek gerekiyor. Her seviyede gelişimimizi engelleyen düşünce süreçlerine ve hislere çekilirler: Fiziksel, duygusal, zihinsel ve ruhsal. "İnsanların benden faydalanmalarına izin vermeliyim" ve "İnsanların beni sömürmelerine izin vermeliyim" gibi düşünceler ve hisler parazitler için mıknatıs gibidir. Paraziti olan insanların özsaygı sorunları vardır.

İnanç çalışması ve his çalışması yaptığımızda, parazitleri çeken programlardan kurtuluruz. İnanç çalışmasıyla hisleri çekip, değiştirip Yaratıcı'dan kendimize hisler eklediğimizde, parazitleri iç bedenimizden olduğu gibi dış bedenimizden de atmak için güç kazanırız. Parazitler, kendilerini çekecek programlara sahip olmayan bedenlerin içinde veya çevresinde yaşayamazlar.

Parazitleri Uzak Tutmak İçin Yüklemeler

- "Sömürülmeden nasıl yaşayacağımı biliyorum."
- "Nasıl hayır diyeceğimi biliyorum."
- "Ne zaman hayır diyeceğimi biliyorum."
- "Her zaman Yaratıcı'ya bağlı olduğumu biliyorum."
- "Parazitlerimin hisleri ve kendi hislerim arasındaki farkı biliyorum."
- "Bir şey yapmak için çok yorgun olduğum zamanı biliyorum."

- "Kurban olmak zorunda kalmadan hayatımı yaşayabileceğimi biliyorum."
- "Tüm zamanımı ve gayretimi başkasını memnun etmeye harcamadan hayatımı nasıl yaşayacağımı biliyorum."
- "Her Şeyin Yaratıcısı'nı memnun etmeyi biliyorum."
- "Vücuduma nasıl iyi besin sağlayacağımı biliyorum."
- "Vücuduma, uygun Ph dengesine sahip olması için nasıl emir vereceğimi biliyorum."

Bazı parazitsel bakteriler yiyeceğin sindirilmesine yardımcı olduğu ve onlara sahip olmak normal olduğu için tüm parazitlerin vücudu terk etmesi konusunda sezgisel olarak komut vermiyoruz. Ancak her hâlükârda böyle bir emir veremezsiniz çünkü kendinize zarar verecek bir şey yapmaktan spiritüel olarak korunuyorsunuz.

Parazitleri Yok Etmek için Bitkisel Tavsiyeler ve Diyet Tavsiyeleri

Bağırsak kurtları ve parazitler için tavsiye edilen temizlikler (nitelikli bir sağlık uzmanının tavsiyeleriyle):

- Kırmızı biber
- Karanfil
- Sarımsak
- Zencefil

- İyonlu bakır
- Hint dutu suyu veya tohumları
- Kekik yağı (mide için ağır olabilir, bu nedenle kapsüllere 2 damla koyun)
- Kabak çekirdeği ya da kabak çekirdeği özütü
- Taze sıkılmış 2 havuç suyu, 1 kereviz sapı, ½ pancar, hepsini sarımsakla ve bir parça zencefille karıştırın.
- Ceviz/pelinotu karışımı (diyabetlilerde kullanılmamalıdır)

Genel Tavsiyeler

- Kömür (giardiyayı ve diğer parazitleri öldürür)
- Asıltılı (kolodial) gümüş (mayayı ve tüm diğer parazitleri öldürür ancak sürekli alınması tavsiye edilmez)
- Asıltılı platin (mayayı ve diğer tüm parazitleri öldürür)
- Kekik (içme suyundaki parazitleri öldürür)
- Vücudu alkali yapmak (bkz. sayfa 117-118). Eğer vücut 7,2–7,4 arası bir alkali dengeye sahip olursa, parazitlerin yaşaması güçleşir.
- Baharda bitkisel parazit temizliği yapın (kışın yapmayın çünkü kışın vücut dinlenme dönemindedir. Birbirini takip eden parazit temizlikleri beden için zorlayıcı olur, bunu idrak ederek düzenlemek gerekir. Bitkisel temizlik yapılması gerekiyorsa, şu süreci izleyin: On gün uygulama, beş gün ara, on gün

uygulama, beş gün ara, on gün uygulama, beş gün ara, böylece parazitlerin bıraktığı tüm yumurtalara zarar verebilirsiniz.

Eğer parazit temizliği yaparsanız, sürecin çok duygusal olmaması için alkali diyetle dengelemek en iyisidir. Temizlik sırasında deneyimleyeceğiniz "hisler" kendi hisleriniz olmayabilir. "Öleceğim" gibi hisler ölmekte olan parazitlerin ve kurtların bilincinden gelir.

Kendinizi parazitlerden kurtarmak, duygusal parazitlerden (sizi sömüren insanlardan) olduğu gibi, aynı zamanda kararsızlar ve spiritüel kancalar vb. gibi "enerji parazitlerinden" de kurtulmanıza yardımcı olur.

Parazitlerden Korunmak İçin Yeme Programı

Tüm sebze ve meyvelerde bazı parazitler vardır. Yine de, inanç sistemleriniz ne kadar dengeli ise o kadar az parazit alırsınız.

Parazitlerden korunmak için aşırı yemekten kaçınılmalı ve yiyecekler tamamen çiğnenmelidir. Bu, yiyeceğin uygun şekilde sindirilmesini sağlar ve besinlerin emilimini kolaylaştırır. Genellikle uygun sindirilmemiş gıdalar tarafından yaratılan parazitler, nemli ortamlarda gelişirler.

Yiyecekleri acı, sıcak ve ekşi tatlarla birlikte tüketin, çünkü bunlar parazitleri yok etmede vücuda yardımcı olurlar.

Parazitleri uzak tutan yiyecekleri seçin. Aşağıdakilerin parazit karşıtı özellikleri vardır:

- Faydalı sebzeler: Şalgam, lahana, havuç, sarımsak, pırasa, soğan, turp, kuzukulağı.

- Faydalı baharatlar: Rezene, karanfil, arnavut biberi, adaçayı, zencefil, karaturp ve kekik.
- İlave ek yiyecekler: Badem (az tüketin), su yosunu ve umeboshi eriği (Japon eriklerinden salamura edilerek yapılan bir baharat). Kabak çekirdekleri özellikle yardımcı olabilir, çünkü parazitleri temizlerler. Çiğ kabak çekirdekleri atıştırmalık olarak yenebilir.

5

KİLO VERMEK İÇİN 3. ADIM: KALP ŞARKISI

Temmuz 2016'da, *İleri ThetaHealing* ile ilgilenirken, aşırı yorgun hissetmeye başladım. Problemin ciğerlerim olduğunu düşünerek onları şifalandırmaya başladım. Ben bu şifalandırma süreçlerinin birindeyken Yaratıcı'nın sesini duydum. Bana "Ne yapıyorsun?" diye sordu.

"Ciğerlerim üzerinde çalışıyorum," diye cevap verdim.

Yaratıcı "Mesele ciğerlerin değil, sende konjestif kalp yetmezliği var," dedi.

Son derece umutsuzca ağladım. "Bu imkânsız! Ben daha çok gencim."

Emin olmak için doktordan randevu aldım. Beni bazı testlere soktuktan sonra, "Sende konjestif kalp yetmezliği var. Üzgünüm," dedi.

"Ne yapmam gerekiyor? Nasıl tedavi ediliyor?" diye sordum.

Doktor, "Önce bu ilacı al, işe yarayıp yaramadığına bir bak. Çok genç olduğun için seni kalp nakli listesine alabiliriz," dedi.

O perişanlık hâlinde kendime "Tekrar olamaz! Yine bir doktor bana öleceğimi söylüyor!" diye bağırdım. "Zavallı ben" cehennemine girdim. Tüm bu durumla ilgili beni bu kadar üzen şey çok fazla inanç çalışması yapmış olmam ve şimdi artık daha fazlasını yapmam gerektiğini de bilmemdi.

"Bir sonraki ThetaHealing seminerini yapmaya söz verdim. Sözümü tutmalıyım," diye düşünerek ilacı almaya başladım.

Seminer için Roma'ya gitmemden yaklaşık iki hafta önce, evde bazı misafirlerim vardı. Bunlar, benim Sezgisel Anatomi eğitimimi alan New Yorklu profesyonel müzisyenlerdi. Yemek yemeğe ve biraz müzik yapmaya gelmişlerdi. Bir tanesi muhteşem viyola çalıyordu, bu enstrümandan gelen ses melankoli doluydu ve yürek parçalıyordu.

Diğer müzisyen beste yapmasında yardımcı olmamı rica etti. Yukarı çıkıp Yedinci Seviye'ye bağlandım ve kalbimden gelen tuhaf bir duyguyla kederli bir tonda şarkı söylemeye başladım. Söylediğim müziğin tonu aracılığıyla bu enerjilerin üzerimden kalktığını fark ettiğimde, mutsuzluğumun ve hastalığımın sebeplerinin tüm nedenlerini birdenbire gördüm. Kalbimin moleküllerinde eski hüzünleri tutuyordum. İnançlarım üzerinde her zaman, tutunduğu eski acılardan kalbimi özgürleştirmeyi düşünmeden çalışmıştım. Bu, kalbimde bir çeşit taşınamaz acı hissetmeye devam etmemin nedeniydi. Gözlerimi kapattım ve tüm bu üzüntünün kalbimden gelen bu tonla çıkmasına izin verdim. Nefessiz kalana dek bu tonda söylemeye devam ettim, sonra yeniden başladım.

Ben bitirdiğimde ve müzik durduğunda, gözlerimi açtım ve odadaki insanların ağladıklarını gördüm. O anda, başkaları için acıyı ve kalplerindeki çileyi eritmenin bir yolunu bulduğumu fark ettim.

Hikâyenin devamı da var ama özü itibariyle kalbim şifalandı.

Sonrasında, kilo vermeye başladım. 13,5 kilo kadar verdiğimi fark edene kadar, her gün yaklaşık 900 gram verdim. Taşıdığım hüznü bıraktığım için böyle olduğunu düşünüyorum.

Bu çalışmayı yapmaya hiçbir zaman ihtiyaç duymayabilirsiniz ama yapmak istediğinizi hissediyorsanız, muhtemelen yapmanız gerekiyordur.

Bu çalışmada, yukarı çıkıp Yaratıcı'dan size hizmet etmeyen ya da artık tutmak istemediğiniz acı ve hüznü salıvermesini isteyeceksiniz. Ama bir şeyi daha bırakıyor olacaksınız: Her yaşam süresinde dünyayı uyandırmaya çalışıp her seferinde başarısız olmanın hüsranı. (Bu sefer başarılı olacağınızın bilgisini yüklemeniz gerekiyor.)

Doğduğunuz zaman özel bir örgü (grid) sisteminin içine geldiniz. Yalnızca doğum zamanınızı seçmediniz, ayrıca yıldızların nasıl sıralanacağını da seçtiniz. Böyle olduğu için öğrenmeye geldiğiniz her şeyi başarabildiniz. Evrende hata yoktur. Tam geleceğiniz anı seçtiniz ve geldiğinizde, bu dünyanın enerjisine geldiniz. Her ağlayan anne, bu dünyada yaşanan her hüzünlü an bedeninize kayıt edildi. Yani, bu acıyı bırakırken yalnızca kendi acınızı ve topraklarınızın acısını değil, ayrıca genetiğinizin, atalarınızın ve geçmiş hayatlarınızın acısını da bırakacaksınız. Bu acıyı her organınızdan salıvereceksiniz. Kalp şarkısı bedeni şifalandırmak ve yeniden başlatmak için titreşim kullanan bir Altıncı Seviye çalışmasıdır.

Kalp Şarkısı

Bu süreç, kalpten gelen ve sesle yeniden yaratılan sürekli bir tonla, tüm seviyelerden üzüntüyü ve öfkeyi salıvermek içindir.

Uygulayıcı, danışanlara süreç boyunca rehberlik etmelidir. Yalnızca danışanların sesi kalpteki acıyı ve üzüntüyü salıverebilir. Uygulayıcı, onlara acıyı ve üzüntüyü bıraktıramaz, yalnızca aşağıdaki yolla tonu yaratabilmeleri için onları cesaretlendirerek yardımcı olabilir:

- Kendinizi kalbinizde merkezleyin ve her şeyin bir parçası olan Toprak Ana'nın merkezine gittiğinizi hayal edin.
- Enerjiyi ayaklarınızdan, taç çakraya kadar her çakrayı açarak yukarı çıkardığınızı hayal edin: Güzel bir ışık topunun içinde, evrene doğru yükselin.
- Evreni geçin, ışıkları geçin, çok parlak ışığı geçin, Yasalar denilen jölemsi maddeyi geçin, incimsi yanardöner parlak beyaz ışığın olduğu Yedinci Varoluş Seviyesi'ne gelin.
- Emri verin: "Her Şeyi Yaratan, sesimdeki tonla kalbimdeki acının salıverilmesi emredilir. Teşekkür ederim. Oldu, oldu, oldu."
- Kalbinizin derinliklerine gittiğinizi hayal edin. Kalbinizin söylediği acıklı şarkıyı dinleyin. Tonun

sesinizle çıkmasına izin verin. Yüksek değil ama sabit, nötr bir tonda olacak. Eğer hüznü "bağırırsanız" her şeyi geri gönderir, yani eşit bir tonda yavaşça bırakın.

- Sesi dinlerken, tüm kırgınlıkları, kalbinize kilitlenen savaşla, kıtlıkla, nefretle ve öfkeyle ilgili hayal kırıklıklarını dinleyin. Kalbin sesinin ağzınızdan çıkmasına izin verin.
- Bunu kalpten hareketle solar pleksusa (3. Çakra) ve sonra mideye, oradan da seçtiğiniz yere doğru tüm organlara uygulayın. Eğer yorgun hissediyorsanız, böbreküstü bezlerinden ve böbreklerden başlayın, böylece bedeninizde bir miktar enerji hareketini sağlamış olursunuz. Enerjinin gittiğinden emin olana dek enerjinin her organdan çıkışına yoğunlaşın, sonrasında diğerine geçin.
- Hatırlayın, bunu yalnızca kendiniz için yapmıyorsunuz, ayrıca aileniz için de yapıyorsunuz. İnsanlar ilk defa üzüntüyü bırakmaya başladıklarında çoğunlukla kaçmak isterler, aileniz için bu süreci bitirmeniz gerektiğini hatırlayın.
- Bitirdiğinizde, yine her şeyin enerjisiyle bağlantı kurun, derin bir nefes alın ve eğer uygun görürseniz enerjiyi kesin.

....

Sürecin bittiğini söylemenin yolu, sürecin bittiğini hissetmenizdir. Yığılmış tüm acı ve öfke kalbinizden ve diğer organlarınızdan çıkmış gibi hissedecek, enerji dolu ve neşeli hissediyor olacaksınız.

Katmanlardaki acılarınızı bırakmanız gerekirse bu süreç birden fazla kez yapılabilir.

Eğer danışanlarla çalışıyorsanız ve birikmiş acıyı başkalarının yanında salıvermekten rahatsızlarsa, sürece yalnız olduklarında devam edebilirler.

Öğrencilerimden biri süreci tamamlamasına rağmen, böyle hissetmesi dört gününü aldı. Benim tüm vücudum için altı saat sürdü.

İlginçtir ki, kilo vermek isteyen çoğu insan, çocukları ve diğer aile üyelerini kaybetmenin acısının tutulduğu solar pleksustan (3. Çakra) ve kendinizi açıklamadığınızda veya çok fazla açıkladığınızda tiroid problemleri yaşayabileceğiniz boğaz bölgesinden enerji boşaltacaktır. Tanıştığım çoğu şifacının tiroid bölgesinde, diğer insanların duygularını incitmekten korktukları için küçük blokajlar vardı.

ACIYI BIRAKMAK

Aileden Gelen Acı

Eğitim verirken, ailelerinin enerjetik yüklerini taşımak için seçilen insanları her zaman ayırt edebilirim. Bunlar genellikle ailenin diğer üyelerinden bir miktar daha ağırdırlar ve dağınık bir evleri vardır. Evinizi nasıl tuttuğunuz, aynı zamanda inançlarınızın, genetiğinizin ve diğer şeylerin bir yansımasıdır. Eğer eviniz karmakarışıksa, içerde de çok fazla genetik karışıklık vardır. Batı toplumunda, buna daha çok tatil/bayram zamanlarında rastlanır.

Hepimizin algıladığı, kendisine ve başkalarına ait imajları ve bu imajlara uymak için aile içindeki bazı rolleri oynamaya eğilimi var. Örneğin bazı insanlar eğer büyükanne-büyükbaba olurlarsa sarılabilir olmaları gerektiğine inanıyorlar. “Büyükanneler şişman olmalıdır.” Şimdi fark edeceksiniz ki bu inanca sahipseniz bazı inanç programları çalışıyordur.

Ayrıca, daha önce bahsettiğimiz gibi, eski toplumlarda daha kilolu olan insanlar saygı duyulan insanlardı. Yani, DNA’nıza ve genetiğinize bağlı olarak, bu 10 nesil önce olsa bile, bedeniniz saygı kazanmaya çalışıyor olabilir. Her zaman en iyi ve en yüce şekilde görünmese bile, bedeninizdeki her şey bir amaç için gerçekleşiyor.

Kendi hüznünüzü salıvermek, ailenizin de enerjetik yüklerini salıverecektir.

Topraklardan Gelen Acı

Kalp şarkısıyla acıyı salıverdiğinizde, bu, topraklarınızdaki acıyı da salıverir. Çünkü DNA’nızda ülkenizde olanların kalıntısını taşıyor olabilirsiniz. Örneğin, eğer ülkeniz herhangi bir savaşın tarafı olduysa bırakılması gereken çok fazla keder vardır. Aslında hepimizin soyunda savaşta kaybettiğimiz insanlar vardır. Biz hatırlamıyor olabiliriz ama büyükannelerimiz-büyükbabalarımız ya da ebeveynlerimiz hatırlayabilir. Bu çok da eskiden olmayabilir. Bu hüzün kalp şarkısıyla salınabilir.

Eğer memleketinizi terk ettiyseniz, kalp şarkısı hem doğduğunuz yerden hem de şimdi yaşadığınız yerden hüznü salıverecektir. Bir yerde yedi yıldan fazla yaşadıysanız o alanın duygusal titreşimlerini almaya başlarsınız ve buna bazı hüzünler de dâhildir.

Eğer memleketiniz olmayan bir yerdeyken bu hüznü salıverirseniz, bu sizin kendi memleketiniz ve bulunduğunuz yer için faydalı olacaktır. Öğretmenlerime, bu süreci gittikleri her yerde yapmalarını söylemeye başlamamın ve Almanya'ya gittiğimde bunu sınıfta yapmamızın nedeni budur.

Almanya'nın ve Avrupa'nın pek çok diğer bölgesinin 2. Dünya Savaşı'nın yıkımından hâlâ kurtarılamadığını fark ettim –duygular hâlâ oradaydı. O zamandan kalan acı toprağın çoğuna yayılmıştı ve Yahudilerde ve Japonya'daki bazı insanlarda olduğu gibi, Avrupa'daki insanların içinde de vardı.

Benzer şekilde ABD'de güney eyaletlerine gittiğinizde, iç savaşın hâlâ atlatılamadığını görürsünüz. O günlerden kalan acı hâlâ toprakta ve insanların içindedir. İç sivil savaşın geçtiği yerlere giderseniz, cephelerde hâlâ savaşan askerleri fiziksel olarak görebilirsiniz.

Acının ve ıstırabın herhangi bir türü izini toprakta ve insanlarda bırakır. Bir keresinde Vaftiz Papazı olan ve ABD'nin siyahî köleleriyle sorunları olan Afro-Amerikan bir adamla çalışmıştım. Bildiğiniz gibi, Avrupalı insanlar Amerika'ya taşınmaya başladıklarında, siyahî köleleri de beraberinde getirmişlerdi. Herkes kölelere kötü davranmıyordu ve o zamanlar insanların köle sahibi olmaları normaldi. Bazı Güneyli çiftlik sahipleri, zamana ve yere göre, kölelere diğerlerinden daha iyi davranıyorlardı. Yine de bu adam köle ticaretinin kederi ve öfkesiyle doluydu. Ona göre bu sanki dün olmuş gibiydi. Kalp şarkısı yoluyla genetiğinden, tarihinden ve muhtemelen büyüdüğü topraklardan gelen bu hissi salıverdi ve bitirdiğinde gözlerinde üzüntünün yerini rahatlama ve neşenin aldığını görebiliyordum. Hayatına devam etmeye hazırdı.

Topraktan ve onun insanlarından gelen enerjinin farkında olmak önemlidir. Örneğin, benim Idaho'da yaşadığım yerin insanlarıyla konuşabilirsiniz, Idaho'da yaşamak için sağlam olmanız gerektiğini söyleyeceklerdir. Bu doğrudur, çünkü gerçekten çok soğuk kışlarımız var ve bu yerleşim, hiçbir şeyi olmayan ve burada yaşamak için güçlü olması gereken insanlar tarafından kuruldu. Bu yere "yerleşimci toprak" ve bu tutuma "yerleşimci zihniyet" diyorum. Roberts'ın dışındaki alanı görmelisiniz. Sivrisinekler, sinekler, sıcak, fareler, örümcekler ve inek kokusuyla boğulmuş bir yerde yaşıyordum ve eğer birine şartlarla ilgili bir şey söyleyecek olursanız size, "kovboy ol," diyeceklerdir. Yine de, Idaho'da yaşamak için sağlam olmanız gerekiyor ve eğer bunu sevmezseniz, geldiğiniz yere geri dönebilirsiniz! Yani, burada toprağın enerjisi ne? Güçlü ol sağlam ol.

Kendinize sorun, sizin toprağınızda neler oldu? Atalarınızın nasıl yaşadığı hakkında bir fikriniz var mı? Hangi savaşlar olmuş? Hangi ihanetler yaşanmış? Amerika'da, İngiliz yerleşimciler Amerikan yerlileriyle barış yapıp, sonra dönüp topraklarını aldılar. Hollanda ve İngiliz Adaları da çılgın şeyler yaşadı! Peki ya Rusya? Toprağın mirası ne? Rusya'da yaşamak için güçlü olmanız gerekir mi?

Ama eğer atalarınızın zorluklarını yaşamak zorunda olmasaydınız nasıl olurdu? Onları taşımak zorunda da değilsiniz. Kalp şarkısıyla, ruh âleminde de olsa atalarınızın hüznünü arındırabilirsiniz. Bunun nedeni, kalp şarkısının doğrudan insan türünün kolektif bilincine bağlı olmasıdır. Bu süreçle, tüm insanlığın ıstırabını salıveriyoruz. Bu çalışmayı yapanların çoğu, evrensel bir seviyede, öfkeyi, nefreti ve hüznü salıveren evrensel bir tona bağlanacaklar ve bu hepimize faydalı olacaktır.

6

KİLO VERMEK İÇİN 4. ADIM: YİYECEĞİNİZİ KUTSAMAK, VÜCUDUNUZU KUTSAMAK, DAHA AZ, DAHA İYİDİR

Bir gün, "Tanrım, ben neden aşırı kiloluyum?" diye sordum. Her zamanki gibi Yaratıcı bana sabırla yanıt verdi. Bana söylenen şuydu: "Vianna, dirençli bir vücudun var. Vücudunu kutsaman gerek. Vücudunu cesaretlendir, onun cesaretini kırma. Kutsa. Kutsamalar lanetlemelerden daha güçlüdür."

Bu beni bedenim ve zihnim arasındaki ilişkiyi düşünmeye yönlendirdi.

BEDEN VE ZİHİN

"Yiyecek kötüdür..."

Kendi bedeninizi tanıyor musunuz? Midenizin ne kadar büyük olduğunu biliyor musunuz? Hiç midenize dokunup ona gerçekten selam verdiniz mi?

İlk düşünmeniz gereken şeylerden biri, eğer aşırı kiloluysanız, sindirim yolunuzu bilmektir. Bu, yemek ağzınıza girdiği anda başlar. Yemeğinizle ilgili ne hissediyorsunuz?

Bazı insanlara olan şey, yiyeceklerine ve kendi bedenlerine karşı nefret geliştirmeleridir. Örneğin, eğer dürtü etkisiyle bir oturuşta çok fazla yemek yerlerse, sonrasında kendilerine kızabilirler ve hiç yememiş olmayı isteyebilirler.

Bunu yaptıklarında, vücudun yiyeceği parçalama ve uygun enerjiye dönüştürme kabiliyetini etkiliyorlar. Böyle oluyor çünkü vücut karışık sinyaller alıyor. Bu noktada olabilecek şey, tüm bu yiyeceğin yağa dönüştürülmesidir. Yani, eğer kendinizi sevmiyorsanız ve yiyeceğin kötü olduğunu düşünüyorsanız, yalnızca sindirim sürecinizin bir bölümünü durdurmuş olmuyorsunuz, ayrıca kendinizi şişmanlatıyor da olabilirsiniz.

Kendinize karşı nazik olun; eğer bir şeyi yemeyi çok istediyseniz, sonrasında da yediyseniz, bu çoğu durumda vücudunuzun o an ona ihtiyaç duyması nedeniyle olmuştur. Bedeninize güvenin, ona kızmayın.

Aşırı kilolu insanların düzgün çalışmayan hormonlara sahip oldukları ve midelerine doydukları ve yemeyi durdurmaları gerektiği sinyalini göndermedikleri söylenir. Buna inanıp inanmadığımdan emin değilim ama biliyorum ki insanların sürekli yemek yemelerinin pek çok nedeni var.

Bu gerçeklikte var olmak için. Bazı insanlar çok fazla gelecekte yaşarlar ve ruhsal, zihinsel ve fiziksel olarak şimdide var olmaları gerekir.

Aç oldukları için. Bunun nedeni yiyeceklerinin besin değerinin olmaması olabilir. Sonuç olarak, vücutları ihtiyacı olan besini alabilmek için daha fazla yiyeceğe ihtiyaç duyduğu sinyalini gönderir ve bu, kişinin sürekli yemek yiyerek kilo almasıyla sonuçlanır.

Parazitleri olduğundan vücutları yiyecekten besin alamadığı için. Parazitler de insanları acıktırabilir. Bir parazit temizliği uygun olabilir (bkz. sayfa 90-95).

Televizyonun önünde oturup patates cipsi yedikleri için. Pek çok insan bunu yaptıklarında daha çok yediklerini söyler. Kaliteli cipslerin çoğu artık omega-3lerle pişiriliyor, yani bu eskiden olduğu kadar zarar verici bir şey olmasa da hâlâ tavsiye edilmiyor.

İlginç olan şey, aşırı kilolu olan çoğu insanın her zaman yemek yememesi. Aslında, bazı insanların kilolu olmalarının nedeni günde yalnızca bir kez yemek yemeleri, sonrasında tıkanmalarıdır. Günde dikkatlice planlanmış üç öğün yemek ve iki atıştırmalık almak bir büyük yemekten daha iyidir.

İlaçlar nedeniyle obez olan insanların düzenli besleyici yemekleri atlamaya eğilimleri vardır. Bu kişilerde, sindirim yolunu temizlemek için bir şeylere ihtiyaçları olduğundan meyveler ve sebzeler şarttır.

Yemek, Siz Onu Ne Yaparsanız Odur!

Özünde, yemek yemek kötü değildir. Yemek yemek olmasaydı şimdi nerede olurduk? Doğru yemeği yemek, kilo vermede çoğumuza gerçekten yardımcı olur.

Sağlıklı yiyecek nedir? Tam olarak neden sağlıklı? Çünkü bizim için iyi olduğunu düşünüyoruz. Burada zihnimiz, fark edebileceğimizden çok daha büyük bir rol oynar. Siz hiç bir parça çikolatalı pasta yiyip sonrasında onu yediğiniz için suçluluk hissettiniz mi? Çikolatalı pastanın kendine ait bilinci var ve şimdi onunla sizin bedeninize bir mesaj gönderildi. Şimdi, vücudunuz yediğiniz pastanın içindeki besinlere erişemiyor çünkü az önce pastanın zehirli olduğunu söylediniz ve bedeniniz zekidir; bilimin kabul ettiğinden daha zekidir. Böylece, bedeniniz pastadan gelecek besinleri reddedecek, toksinleri alacak ve toksinleri yağ hücrelerine depolayacaktır.

Alternatif düşünce şekli olarak başka bir örneği ele alırsak, beyaz şeker bir zehirdir ancak her şeyin aşırısı böyledir. Gerçekte her yıl (çoğu zaman bilmeden) bir yığın şeker yiyorsunuz ve sonucunda ölmüyorsunuz. Beyaz şekerin (aşırıya kaçmadan) zehir olduğu fikrinden kurtulun. Beni yanlış anlamayın, her şeyin çoğu zarardır ve çok şeker iyi değildir. Ancak hepimiz biraz beyaz şeker yeriz ve vücudumuz bununla başa çıkar.

Küçük miktarlarda da zehirli olduğuna inandığım şeyler sakarin ve Nutra-sweet gibi yapay tatlandırıcılardır. Vücut için bunları sindirmenin, beyaz şekerden ve belki de diğer kanserojen maddelerden daha zor olduğuna inanıyorum.

Amerikan Kanser Derneği yapay tatlandırıcı kullananların kilo vermek yerine kilo aldığını ortaya çıkardı. Yapay tatlandırıcılar vücut için sıradan şekerden çok daha kötüdür. Diğer yandan, stevya (şekerotu) zehirli olmayan yapay bir tatlandırıcıya benzer ve şekere alternatif olarak kullanılabilir. Çikolata da, akıllıca kullanılırsa, yıllar önce tahmin ettiğim gibi gerçekten kilo vermeye yardımcı olabilir.

Kilit nokta, bedeninizle çalışmayı öğrenmektir. O, size hizmet etmek için en iyisini yapar. Eğer gecenin bir yarısı uyanıp patates cipsine aşeriyorsanız, bu, bedeninizin bir şeye ihtiyacı olduğu anlamına gelir. Kalkıp bunun ne olduğunu Tanrı'ya sormak size kalmıştır.

Önemli olan, yiyeceğinizi uygun bir şekilde özümsüyor olduğunuz noktaya erişmektir, sonrasında ona o kadar çok ihtiyaç duymayacaksınız. Yiyecekten ve bedeninizden nefret etmeyi bıraktığınızda onu özümseyeceksiniz. Aşağıdakileri yükleyin:

- "Mükemmel ben hâline geliyorum."
- "Bedenim güçlüdür."
- "Ben güzelim."
- "Ben sağlıklıyım."

DİYET YAPMANIN ZARARLARI

Eğer diyet yaparsanız kaybedeceğiniz ilk şey su olacaktır. Örneğin bir diyetle 5 kilo verebilirsiniz ancak bunun hepsi su olabilir. Bedeniniz bu su ağırlığını kaybeder kaybetmez otomatik olarak panikler ve yağa tutunmak için savaşır. Yiyecek tüketiminizi çok küçük bir parça marula düşürseniz bile bedeniniz yağa tutunacak ve onu bırakmayacaktır. Böyle yapmasının amacı, bir kriz anında kullanılması için yağı salıvermektir. Yağı bırakmasından önce kası bırakır çünkü kriz zamanında yağın daha fazla değeri vardır. Eğer küçük porsiyonlarla yemek yiyorsanız, bedeniniz bir krize hazırlanması gerektiğini zanneder.

Maalesef, her durumda, "diyet yapmak" kavramının kendisine ekli olumsuz programları vardır. Çoğumuz, başladığımızda bunu fark etmeyiz ama planı olumlu bir deneyim olarak kucaklamak yerine, alışkın olduğumuz beslenmeden kendimizi mahrum ettiğimizi hissederek sonlandırırız.

Diyetle ilgili en kötü şey, diyet yaparken kilo verebilmeniz ancak eski yeme alışkanlığınıza geri döner dönmez verdiğiniz tüm kiloları geri almanızdır. Kendinizi hiçbir yere varamıyormuş gibi hissedebilirsiniz. Diyet yapmaktan çok yorulan ve aşırıya kaçıp çılgınlar gibi yemek yiyen insanlar tanıyorum.

Bir keresinde bir dergide, birinin, insanın karbonhidratları özümsemesini durduracak bir diyet hapı yarattığını okumuştum. Hemen şüphelendim. Karbonhidratın ne olduğunu biliyor musunuz? Vücudunuzu oluşturan beş şeyden biridir. Bunlar:

1. Karbonhidratlar (şekerler)
2. Lipidler (yağlar)
3. Protein, bedeninize gereken, şekere dönüşen kompleks bir enerji
4. ATP ve tabii ki diğeri de...
5. DNA (nükleik asit)

Yani açıkçası, yaşamak için karbonhidratlara ihtiyacınız var. Neden vücudunuzun onları özümsemesine engel olan bir ilaç alasınız ki? Sizin için iyi bir şey gibi görünmüyor.

Kalori saymak yerine karbonhidratları saymak küçük bir tavsiye olabilir. Biftek, bir adet fırında patates ve bir porsiyon sebze, 35 karbonhidratın biraz üstüne denk gelebilirken, ve bu patatesin üzerine sürebileceğiniz tereyağıyla bile böyleyken, yalnızca bir Coca Cola'nın içinde okkalı bir 45 karbonhidrat vardır! Doğru şeker türlerini ve doğru diyet çeşidini seçmemiz gerekmesinin nedeni budur. Örneğin, şişmanlatıcı oldukları aldatmacasına rağmen patatesler sizin için iyidir. Diğer pek çok yiyecekten daha fazla vitamin ve mineralleri vardır. Ve margarin, sizler için o patatesin üzerindeki tereyağından çok daha kötüdür arkadaşlar!

VEJETARYEN VE DİĞER DİYETLER

Çok fazla sayıda diyet var ve yalnızca protein yiyen insanların diğerlerinden daha ince olduğu doğru; ama bazı insanlar kendilerini saldırganlığa götüren diyetler yapıyorlar. Tamamen proteinlerden oluşan diyetler gibi (düşük omegalı bir diyet) düşük kolesterollü diyetler, saldırgan davranışlara neden olabilir.

Çok fazla sayıda vejetaryene eğitim veriyorum ve bunların yarısı aşırı kilolu. Çoğu, nasıl vejetaryen olunduğunu bilmiyor ve protein eksikliğiyle yaşıyor. Ağırlık kaldırma zamanı gelince güçleri tükeniyor. Gelişme çağında olan bir vejetaryen için sağlıklı bir diyet planını takip etmeyi öğrenmek zorunludur.

Veganlara gelince, akıllı olanlar protein almaları gerektiğini biliyorlar, bu nedenle fasulye, avokado ve protein içeren diğer meyve ve sebzeleri yiyorlar.

Daha önce bahsedildiği gibi, alkali bir diyet, vücudu parazitler için yaşanılamaz hâle getirir ve bu, bakteriler, virüsler, mantar ve diğer mikroplar için de geçerlidir. Vücudun parazitlere, mayaya, bakteriye ve diğer mücadelelere direnmesi için yaklaşık 7,2–7,4 alkali olması gerekir. Vücut virüslerle, bakterilerle ve parazitlerle savaşabilmek için donanımlıdır ama eğer çok asitik hâle gelirse, bağışıklık sistemi zorlanır ve bu varlıklar kontrolden çıkabilirler. Diğer yandan, alkali olursa tüm organlar yeniden dengeye kavuşurlar. Çoğu meyve türü asidikken, salatalık, ıspanak, avokado ve diğer yeşiller alkali yiyeceklerdir.

Burada zihinsel tutum da önemli bir rol oynar. Bir insan ne kadar pozitif olursa, vücut da o kadar alkali olur. Ne kadar negatif olursa o kadar asidik olur.

Bunu deneyimlediğimiz için biliyoruz. Bir keresinde Hawai'de Sezgisel Anatomi Eğitimi düzenlediğimizde, öğrencilerden o kadar çok sorun temizledik ki üç haftanın sonunda herkesin asit-alkali dengesi 7,2 alkaliydi ve hâlâ çikolatalı pasta yiyorlardı. İnanç çalışması tüm sınıfımı kısa bir süre içinde alkali hale getirdi.

Teorik olarak, alkaliliğinizi 7,2'de tutmak için alkali bazlı yemek yemeniz gerekir ve sonrasında sizi hiçbir şey hasta edemez. Buna rağmen, bana tamamen alkali olarak gelen ve yine de hasta olan danışanlarım oldu. Böyle olmasının nedeninin, kırgınlıklarını ve öfkelerini temizlememeleri olduğunu buldum.

Sizi bir diyetten diğerine yönlendirmek niyetinde değilim. Size söylediğim şey, hangi diyeti uygularsanız uygulayın onu kutsamanızdır...

YİYECEĞİNİZİ KUTSAMAK

Hücrelerin hücrelerle konuştuğunu biliyorum ve bu nedenle benim hücrelerimin sizin hücrelerinizle konuşabileceğini de biliyorum. Alanınıza baktığımda çocukken size olan şeyleri gördüğümü biliyorum. Dünya üzerindeki her şeyin bir hafızası olduğunu biliyorum. Yani, yemek yediğinizde, o yemeğin tüm enerjisini ve hayatı boyunca yaşadığı şeyleri seçiyorsunuz.

Bir keresinde, biri bana reenkarnasyon (yeniden dünyaya geliş) yorumunu açıklamıştı: Bir adam ölür, onu gömerler, üzerinde çimen büyür, inek çimeni yer, başka bir adam ineği keser, yer ve diğer adamın hafızasına sahip olur. Şimdi biliyorum ki bu kadar uç noktada şeyler olmuyor ama ağzınıza koyduğunuz her şeyin hatırasını bir dereceye kadar seçtiğinize inanıyorum. Eğer sağlıklı, sevgi dolu, harika ve neşeli bir ortamda yetişen bir bitkiyi yiyecekseniz, tahmin ediyorum ki siz de onu yemekten sağlıklı, sevgi dolu, harika ve neşeli enerji alacaksınız. Eğer tutsak edilen, genellikle barbarca davranılan bir hayvan yiyecekseniz, yemekten bir çeşit öfkeli duygu alacağınızı sanıyorum. Hiç domuzlara ne olduğunu görmüş müydünüz? Mahkûm olarak tutulurlar. Ya da süt inekleri? Beslenirler, sütleri alınır, mahkûm olarak çiftliklerde tutulurlar ve eğer hastalanırlarsa öldürülürler. Siz de peynir yiyorsunuz ve süt içiyorsunuz. Bu nedenle, Budizm ya da Hinduizm eğitimi alan insanlar size bu çeşit yemekleri yememenizi, çünkü bunun atanız olabileceğini söylediğinde, bunun da etkisi olabilir çünkü onlar yemeğin özünü aldığınızı biliyorlar.

Size et yememenizi söylemeyeceğim ama yemek yediğinizde farklı bir şey yapmak için: Yiyeceğinizi kutsayın, yiyeceğinizi en başından, doğduğu andan sizin yediğiniz ana kadar kutsayın ya da bir tohum olduğu zamandan yediğiniz ana kadar kutsayın. Çoğu durumda, özellikle de modern tarım geldiğinden beri, bitkilerimizi artık ihtiyaçları olan şeylerle beslemiyoruz. Onlara çok fazla nitrojen veriyoruz ki gerçekten güzel ve yeşil görünsünler. Ama bitkilerin bundan fazlasına ihtiyacı vardır; büyümek için vitamin ve minerallere ihtiyaç duyarlar, aynı bizim gibi.

Yiyeceklerinizi Kutsamak İçin Meditasyon

- Kendinizi kalbinizde merkezleyin ve her şeyin bir parçası olan Toprak Ana'nın merkezine gittiğinizi hayal edin.
- Enerjiyi ayaklarınızdan, taç çakraya kadar her çakrayı açarak yukarı çıkardığınızı hayal edin: Güzel bir ışık topunun içinde, evrene doğru yükselin.
- Evreni geçin, ışık tabakalarını geçin, çok parlak ışığı geçin, Yasalar denilen jölemsi tabakayı geçin, incimsi yanardöner parlak beyaz ışığın olduğu Yedinci Varoluş Seviyesine gelin.
- Emri verin: "Her Şeyi Yaratan, tasarlandığı andan itibaren yemek üzere olduğum bu yiyeceğin, tohum olduğu zamandan şimdiye ve geleceğe kutsanması emredilir. Bana en iyi ve en yüce besini verebilmesi için bedenimde emilme yeteneğiyle kutsansın. Geldiği kaynak, hayvan veya bitki olsun, kutsansın ve bana yaşam enerjisi verdiği için teşekkür edilsin. Bitkilerin ve hayvanların ruhları, ki onlar benim erkek kardeşlerim ve kız kardeşlerimdir, kutsal ışığa gönderilsin. Yediğim her şey güçlensin, özümsensin ve beni daha güçlü hale getirsin. Teşekkür ederim. Oldu, oldu, oldu."
- Yiyeceğinize giden enerjiyi hayal edin.
- Bitirdiğinizde, yine her şeyin enerjisiyle yeniden bağlantı kurun, derin bir nefes alın ve eğer uygun görürseniz enerji kesmesi yapın.

DAHA AZ, DAHA İYİDİR

Bir keresinde, çok fazla yemeden çok uzun süre geçirmiştim ya da hiçbir şey yememiştim. Ama benim fark ettiğim gibi, eğer bunu yaparsanız, vücudunuz açlıktan öldüğünüzü düşünür ve kilo veremezsiniz.

Bu kitabın ilerleyen sayfalarında diyabetlilerde işe yarayan bir rehber olarak diyabet diyeti bulunuyor (bkz sayfa 153). Öğün başına 30 karbonhidrat ve atıştırmalık başına 15-20 karbonhidrat aldığınız ama günde üç öğün ve iki atıştırmalık yemek zorunda olduğunuz bir diyet. Diyabet diyetini uyguladığımda olan en ilginç şeylerden biri de, aslında daha fazla yemek yiyor olmamdı.

Kahvaltı etmeyen insanların kilo aldığını bilmelisiniz. Sabahları bir şey yemeniz gerekir ve eğer 30 karbonhidrattan az olursa iyi olur. Bir çalışmaya göre, her gün kahvaltı eden Amerikalı ergenlerin etmeyenlere göre 7 kilo kadar daha hafif oldukları ortaya çıkmıştır. Diğer bir teoriye göre de, insanlar oruç tuttukları ve bir kerede çok fazla miktarda yemek tükettikleri zaman yağ depolamaya eğilimli oluyorlar ve bunun sonucunda obez oluyorlar.

Bir seferde büyük miktarda yemek tüketmektense, gün içinde aralıklı küçük öğünler yemek sizin için kesinlikle daha iyidir. Katı bir şekilde karbonhidrat tüketimi (kalori değil) kontrolü yapmak, kapsamlı bir diyet planında size yardımcı olacaktır.

Öğün başına 30 karbonhidrat ve bir günde iki atıştırmalıktan 15-20 karbonhidrat aldığınız diyabet diyeti, vücut ağırlığını azaltacak ve kandaki glukoz seviyesini düşürecektir. Karbonhidratlar ekmek, sebze, meyve ve makarna gibi yiyeceklerde bulunurlar. Karbonhidratlarla ilgili etiketleri okumak, diyabetlilere uygun bir diyet için kilit noktadır. Çoğu durumda, egzersizle ve düşük karbonhidratlı bir diyetle diyabetliler iyileştirilebilir. Lifi arttırmak da faydalı olur.

Yalnızca beyaz ekmeği ve gluteni çıkararak da beslenmenizde çok büyük bir gelişim sağlayabilirsiniz.

Bunların hepsi eğer seyahat etmiyorsanız iyidir. Ben seyahat ediyorum ve maalesef bu nedenle ne varsa onu yiyorum. Ama bir çözüm ürettim: Vücuduma, "Daha az, daha iyidir" diyorum. Böylece çok fazla yemek yerine, belirli yemekleri ve sevdiklerimi yiyorum. Eğer donut (tatlı çörek) istiyorsam, bir tane yiyorum ama yalnızca yarısını yiyorum çünkü daha az, daha iyidir. Genellikle de çöreğin yarısında aniden açlığım geçiyor, yani yemiyorum.

İstediğiniz her şeyi yiyebiliyor olmanız gerekiyor ama en iyisi, çabuk doyduğunuzu, yiyecekteki tüm besinlerin bedeninize verildiğini ve tamamen emildiğini yüklemektir. Ayrıca içlerinde doymuş yağ olmayan yiyecekleri seçin. Hayvan yağları minimumda tutulmalıdır. Yine de yeterli miktarda protein aldığınızdan emin olmalısınız. Susuz kalmamak için yeterli miktarda su içtiğinizden emin olun; bu çok önemlidir.

Dürüstçe söyleyebilirim ki bugünlerde istediğim her şeyi yiyorum ve benim için iyi olan yiyecekleri canım çekiyor. Fark bu; çok çeşitli sağlıklı yiyecek yiyip hiçbirinde aşırıya kaçmamak. Kendime bir dilim pasta için izin verirsem, bununla ilgili endişelenmemeye de dikkat ediyorum, çünkü eğer çok fazla endişelenirsem bununla ilgili bir program yaratılır. Diyelim ki, ne olursa olsun pastadan bir ya da iki ısırık alacağım (daha az, daha iyidir), bu ısırıklardan dolayı suçluluğa yenik düşmeme izin vermeyeceğimden emin olurum.

Bağımlılıklarını yenmeye çalışanlara, "Daha az (madde), daha iyidir" yüklemesini bile yapabilirsiniz.

Ve tabii ki kendiniz için iyi bir yükleme: "Daha az, bana daha iyi hissettiriyor."

Gerçekte yaptığınız şey yemek hakkında hissetme şeklinizi değiştirmektir.

7

KİLO VERMEK İÇİN 5. ADIM: EGZERSİZ YAPMADAN EGZERSİZ YAPMAK

Yaratıcı'nın bana gönderdiği mesajı hatırlıyor musunuz? "Vianna, sana egzersiz yapmadan kilo verebileceğini söyleyen herkes sana bir şey satmaya çalışıyor. Egzersiz yapmalısın! Her gün egzersiz yapamasan da, beynin yine de her gün egzersiz yaptığını düşünmeli."

Bu nedenle, şimdi size bilinçaltı zihninizi ve Tanrı'yı kullanarak nasıl kilo verildiğini göstereceğim.

Yine de, bütün gün yatakta yatıp kilo verebileceğinizi düşünmeyin. Bedeninizin hareket etmeye ihtiyacı var.

Bu benim için kötü haberdi. Ben her zaman küçük bir aletin benim yerime egzersiz yapmasını istemiştim. Makinelerin ev işlerini yapmasına bayılıyorum. Bulaşık makinesinin tüm zamanların en iyi icadı olduğunu düşünüyorum. Çamaşır makinelerimiz, kurutucularımız ve bulaşık makinelerimiz var, neden bir makine bizim için egzersiz yapmasın ki? Ama bu bizim insan bedeninde bulunmamızın nedeni değil: O beden aracılığıyla deneyim kazanmak için insan bedenindeyiz ve bu da zaman zaman hareket etmemiz gerektiği anlamına geliyor. Bu nedenle öncelikle biraz, gerçek egzersizin nasıl yapıldığına bakalım.

KOŞMAK... DOĞRU ŞEKİLDE

Nükleer güvenlik eğitimindeyken, kursa başladığımda astımım olmasına rağmen iyi bir şekilde forma girmiştim. Bitirdiğimde, bir dakika içinde 59 şınav ve 57 mekik çekebiliyordum ve "nehir koşusu"nda –Idaho şelalelerinde 3 kilometrelik bir yarış– ikinci en hızlı kadın rekorunu elimde tutuyordum. Bunları yapabiliyordum çünkü nasıl nefes almam gerektiğini ve koşarken doğru hareket etmeyi öğrenmiştim. Bunu size daha sonra açıklayacağım. Koşarken belirli bir müzik dinliyordum, böylece şarkı söyleyebiliyordum ve bu odaklanmama yardımcı oluyordu. Koşmadığım zamanlarda müzik dinlediğimde, kendimi koşuyor gibi hayal edebiliyordum. Ne olursa olsun, nükleer güvenlik eğitimindeyken her gün koştum.

Çoğu kadın, erkeklerden daha yavaş koşar. Biyolojik olarak erkeklerin bacaklarında daha hızlı ve daha uzun süre koşmalarını sağlayan kas dokusu bulunur. Buna rağmen koşmak, kimin daha hızlı ve uzun koştuğuyla ilgili değildir. Yarışta olmanız gereken tek insan kendinizsiniz. Eğer egzersiz olarak koşmak istediğinize karar verirseniz diğerleri ve yaptıkları hakkında endişelenmeyin; kendinize odaklanın.

Eğer koşacaksanız, doğru şekilde koşmakla ilgili bilmeniz gereken birkaç şey var. Birilerini koşarken gördüğümde, ne yaptıklarını bilip bilmediklerini anlamak için onlara bakarım. Tüm dünyadaki koşucuları izlerken bulduğum şey, çoğu insanın egzersiz için koşmanın doğru yolunu bilmiyor olduğudur.

İnsanlar koşmanın bacaklarınız ve kemikleriniz için kötü olduğunu söylediklerinde, bunun nedeni yanlış koşma ve eksik malzemedir. Koştuğunuzda bu büyük bir fark yaratır. Koşmanın yarattığı şoku emecek şekilde tasarlanan ayakkabılar şarttır, bu nedenle alabileceğinizin en iyisini almalısınız.

Askerde, koşarken şarkı söylerler. Buradaki püf noktası, siz şarkı söylerken akciğerlerinizin oksijensizlikten öldüğünü düşünmemesidir. Bazı insanlar koşmaya ilk başladıklarında nefeslerini adımlarına göre ayarlamaya çalışırlar. Gerekenden daha ağır solurlar, hızlı ve derin nefes almaya başlarlar. Şarkı söylemek bunu dengelemenin mükemmel bir yoludur. Koşarken şarkı söylerseniz nefes alış verişiniz dengelenir. Koşarken konuşacak birilerinin olması da daha iyi bir nefes için yardımcı olacaktır.

Silahlı kuvvetlerde "kaval kemiği iltihabı" olmamanız için nasıl koşmanız gerektiğini de öğretirler. "Ayak sürtmek" denilen bir şey yaparlar ve var güçleriyle kısa mesafe koşmak yerine olimpiyatlarda olduğu gibi daha hafif koşarlar.

Doğru koşmak için, önce topuklarınızı yere koymaktansa ayak parmak uçlarınızın üzerinde koşmalısınız. Eğer yere ayak parmağınızdan önce topuğunuzu koyarak koşuyorsanız bu sizin "kaval kemiği iltihabı" olmanıza neden olur. Bunun yerine, ayak parmak uçlarını öne doğru hareket ettirecek şekilde kullanarak, ayak sürtme hareketiyle ayağınızın orta alt dolgusu üzerinde koşmalısınız. Çok büyük adımlar atmıyorsunuz ancak normal bir yürüyüşten çok daha hızlı, hafif adımlarla gidiyorsunuz.

Uzun mesafe koşarken bazı insanların yaptığı bir hata koştukları sürece kollarını yukarı aşağı hızlıca hareket ettirmeleridir. Rahatlıkla birkaç kilometre koşmanın yolu bu değildir. Doğru yolu, kollarınızın çok az hareket edecek şekilde yanlarda sıkışık durması ve ellerinizi kollarınızın önünde gevşek şekilde bırakmaktır. Bu şekilde yaparsanız, kollarınızın gereksiz hareketiyle çok fazla enerji yakmazsınız. İlginç bir şekilde, bir değişiklikle daha az hareket ederek daha fazla koşabilirsiniz.

O günden bugüne, besteci Yanni'nin ilham veren müziğiyle koşmanın nasıl hissettirdiğini hâlâ hatırlıyorum. Müziği duyar duymaz koşmaya hazır oluyorum ve nükleer güvenlik eğitiminde onun müziğini ilham için kullandığımdan beri yirmi yıl olmuş. Dikkatinizi dağıtacak bir müziğiniz varsa daha iyi koşabilirsiniz.

Eğer 1,5 kilometre koşarsanız kalbinizi ve kan dolaşımınızı canlandırırsınız. Bu, vücudunuzu güçlü tutmaya yardımcı olur. Ama konu koşarak kilo vermeye geldiğinde, ilk 1,5 kilometrenin sayılmadığını söylerler. 1,5 kilometreden sonra, gerçekten de vücut yağ depolarını yakmaya başlar. Yani bundan sonrasında kilo vermeye başlarsınız ve eğer her gün 3 ya da 5 kilometre arası koşarsanız, çok hızlı kilo verirsiniz.

Koşmanın ardında bir sır var: İlk kilometreyi bitirdiğinizde, ikincisi çocuk oyuncağıdır ve bu kondisyon bisikletinde de aynıdır. Kondisyon bisikletinde 8 dakika çalıştığınızda, 30 dakika çalışmak zor olmaz. Yani 30 dakika egzersiz yapmanız gerektiği düşüncesiyle bunalmayın; yalnızca küçük adımlar atın. 8 dakika ile başlayın, sonra devam etmek isteyip istemediğinize karar verin.

YOLA ÇIKMAK

Egzersiz yapamayan ve bir gecede aktif hâle gelemeyen insanlar her zaman olacaktır ve eğer bu kişi sizseniz egzersiz yapmanızda yardımcı olması için değişik sistemler kullanmanızı öneririm. Size yardımcı olabilecek malzemeler var.

İnsanların çoğu, orta dereceli egzersiz için yeterince hareket edebilir durumda. Hareket edemeyen insanların, vücutları üzerinde şifa ve inanç çalışmaları yapmaları gerekiyor; böylece hareket eder hâle gelebilirler. Eğer gerçekten fiziksel problemleriniz varsa ve örneğin bir bacağınızı hareket ettiremiyorsanız, bu biraz inanç çalışması yapmayı gerektiriyor. Ayrıca, bacağınızı hareket ettirmeye yardımcı olması için bir fizyoterapistten randevu almanız gerekir. Vücudun kan dolaşımını sağlaması için gereken hareketleri yapamayan insanlar için ekipmanlar bulunuyor. Ne yazık ki, bu ekipmanları satın alan ve hiç kullanmayan pek çok insan tanıyorum!

Yine de, koşamasalar da çoğu insan egzersiz için yürüyüş yapabilir. Yürümek mükemmel bir başlangıçtır. Egzersizin her türünde olduğu gibi, eğer yoğun acı hissederseniz bırakmalısınız. Bu sizde olması gereken eski, güzel kas ağrısı gibi bir ağrı değildir. Kas ağrısıyla yırtılmış kası işaret eden türden ağrı veya toksin birikimini gösteren ağrı arasında bir fark vardır.

Neden Bazı İnsanlar Başarısız Olurlar?

Yeni egzersiz düzenine başladıktan sonra bazı insanlar üç günde ivmelerini kaybederler ve her şeyi bırakırlar. Nasıl bıraktıklarını biliyor musunuz? "Bu vişneli turtayı yedikten sonra egzersiz yapmam gerekecek ama yarın yapacağım çünkü bugün çok yorgunum."

Bilinçaltıyla ilgili olduğuna göre bu ne anlama geliyor? Siz bunu söylediğinizde, bilinçaltı kendine şunu söylüyor: "Söz veriyorum egzersiz yapmaya yarın başlıyorum. Eğer hiç yarın olmazsa hiç egzersiz yapmak zorunda kalmam."

Kesin başarısızlığa götüren sözler ve düşünce kalıpları bunlardır. Eğer egzersizden bahsettiğinizde ağzınızdan çıkan ilk sözler bunlarsa, bilinçaltınız sizi sabote ediyor demektir.

Sabote edildiğinizi nasıl anlarsınız? Hayatınızda yeni bir şeye başlamayı erteliyorsunuzdur. Peki neden? Cevap genellikle korkudur.

Bu, şişman olma korkusu değildir. Peki nedir? *İnce olma korkusu!*

ALTERNATİF BİR YÖNTEM

Uzun zaman önce, iki basketbol takımıyla ilgili bir deneyden bahseden bir makale okudum. Takımlardan biri her gün çalışma yapıyor, diğer takım ise gün aşırı meditasyon yapıyordu. Meditasyon yaparken her gün bir saat çalışma yaptıklarını zihinlerinde canlandırdılar. İki takım birbirleriyle oynadıklarında, aynı yetenek seviyesinde olduklarını ve aynı enerji miktarıyla oynadıklarını fark ediyorlar. Yani, görünüşe göre egzersiz yaptığınızı zihninizde canlandırmak gerçekten egzersiz yapmak kadar işe yarıyordu. Benim için de aynısı olup olmayacağını merak ettim, denemeye başladım.

Tabii ki şöyle de düşünebilirsiniz: "Kalkıp egzersiz yapmak yerine neden yarım saat boyunca egzersiz yaptığımı hayal ediyorum ki? Hayal edecek kadar vaktim varsa, bunu gerçekten yapmak için de vaktim vardır."

Bunun yanıtı çoğumuzun gerçekten her gün egzersiz yapmak için vakti olmadığıdır. Kilo vermemize yardımcı olacak başka bir alternatif yönteme ihtiyacımız var.

Bu nedenle şunu yaptım: Belirli bir şarkıyı dinlediğimde bedenimin egzersiz yaptığı hissini ve bunu bildiğimi Yaratıcı'dan kendime yükledim.

Bu yükleme yöntemini daha önce zaman enerjisini yavaşlatmaya çabalamak için ve Rush'ın "Time Stand Still" (duran zaman) şarkısında zamanı genişletmede kullanmıştım. İşe giderken araba kullandığımda da işe yaramıştı. Bu şarkıyı çaldığımda zaman mucizevi şekilde yavaşlıyor gibiydi ve işe hız yapmadan, daha kısa sürede gidebiliyordum.

Müziğin hayatımızın üzerinde egemen bir etkisi var. Eğer biz müzik dinlerken özel bir şeyler olursa, olay ve müzik bir olur, aşkın ve zamansız bir hâle gelir. Sanki ihtiyacımız olduğunda geri dönebileceğimiz küçük bir dünya yaratılmıştır. Tıpkı kokunun yapacağı gibi, müziği duyduğumuzda, müzik o hatıraları net bir şekilde geri getirir. Müzik o hatıralarda bir çapa gibidir. Sihri hatırlamamıza yardımcı olmak için bir tetikleyicidir. Aslında, ofisimi ilk açtığımda dinlediğim şarkılardan biri Olivia Newton-John'dan "Xanadu" idi ve şarkının sözleri sihre inanmakla ilgiliydi.

Kondisyon bisikleti kullanırken egzersiz şarkımı dinliyordum, böylece müzik ve egzersiz birlikte bedenime ve zihnime çapalanacaklardı. (Kondisyon bisikleti kullanıyordum çünkü yaşadığım yerde kış mevsimi var ve kondisyon bisikleti, buzla ve kar yığınlarıyla savaşmaktan çok daha iyidir.) Şarkıların çoğu sadece dört dakika sürdüğü için, şarkıyı çalıyordum, sonra yeniden çalıyordum. 30 dakikalık bir çalma süresine erişmek için şarkıyı sekiz kez çalıyordum.

Yani, yalnızca tek bir şarkı olmak zorunda ama bu şarkının sizin için bir önemi olması gerekiyor. Önemli olan nokta, bu şarkı sürekli radyoda duymadığınız bir şarkı olmalı. Özel bir şarkı olmalı, gerçekten ama gerçekten sevdiğiniz bir şey olmalı ve ilham veren, iyi bir temposu olan ve size enerji veren bir şey olmalı. Ve yalnızca tek bir şarkı olmalı. Farklı şarkılarla ve tam bir CD olarak denedim ancak aynı şekilde olmadı. Tekrar eden bir şarkı olacak, hareket etmek istemenizi sağlayacak, sizi ayağa kaldırıp dans ettirecek ve ideal olarak size spiritüel veya ilham veren bir anlam ifade edecek ve sizi bir rüya hâline sokup iyi bir alanda bırakacak.

Şarkının ne kadar uzun olduğunu ve 30 dakikaya erişmek için kaç kez çalmanız gerektiğini bulmalısınız. Sonrasında, bu şarkıyı dinlerken altı ila on kez egzersiz yapmalısınız ki şarkı ve egzersiz birlikte beyninize çapalansın. Özellikle yıllardır hiç egzersiz yapmadıysanız bu size zor gelebilir ama şöyle düşünün: Sadece müziği dinleyerek bedeninizin egzersiz yaptığınızı düşünmesinden önce yalnızca 8–10 kez egzersiz yapmanız gerekseydi, bu çok kötü olmazdı, değil mi?

Müziği dinlerken 10 kez egzersiz yapmanız daha iyidir ama altı kez de iyidir. Bu, şarkıyı dinlerken ilk haftada üç ya da dört kez, sonraki haftada da üç veya dört kez egzersiz yapmanız gerektiği anlamına gelir.

Öncelikle, aerobik egzersizi yapmalısınız. Koşmak, yürümek ya da farklı bir aerobik egzersiz türü olabilir ama aerobik egzersizi olmak zorunda, çünkü aerobiğin kilo vermede en iyi egzersiz türü olduğu kanıtlanmış bir gerçek. Aslında, haftada dört kez, yalnızca 30 dakika aerobik egzersizi yaparsanız, er ya da geç ideal kilonuza ulaşırsınız.

Bazı insanların başlarken, koşmak şöyle dursun, bir egzersiz aletinde (kondisyon bisikleti) 30 dakika egzersiz yapamadıklarını biliyorum, bu nedenle yavaş yavaş başlamak en iyisi. İlk gün gidebildiğiniz kadar çok gittikten sonra, takip eden gün biraz daha fazla gidin.

İlk gün sadece 10 dakika, ikinci gün 20, üçüncü gün 30 dakika egzersiz yapabilirsiniz. Ama müziği çapalamak için en az altı ila sekiz kez 30 dakika egzersiz yapmanız gerekiyor.

Bazı insanların bu fikre direnç göstereceğini biliyorum. Bazılarının ilk düşüneceği şey, "Ah, on kez egzersiz yapmak istemiyorum, hatta altı kez bile istemiyorum," olacaktır. Bu, bilinçaltlarının onları güvende tutma yoludur. Egzersize başlamadan önce inanç çalışması yapmak bu şekilde bir direnci ortadan kaldırabilir.

Sizin hayat tarzınıza uygun bir egzersiz planı olması da çok önemlidir. Günde on dakika bile bir fark yaratabilir. Özel müziğinizi dinlerken, aerobik egzersizine ek olarak ağırlık kaldırma yapmak da bir öneri olabilir. Ağırlık kaldırmanın aşağıdaki gibi faydaları vardır: Siz dinlenirken bile kasları inşa eder ve glikozu düşürür. Vücudun insülini doğru kullanmasını sağlar ve güçlü kaslar ve kemikler inşa ederek incinmeleri önler. Üst bedeni ve alt bedeni sırayla kullanmak iyi bir düzendir. Başlangıç için çok hafif ağırlıklar kullanın. Beş ila sekiz tekrarla başlayın, kademeli olarak 15–20 tekrara kadar çıkın.

Egzersizi müziğe çapaladığınızda, çapalı kalması için düzenli olarak egzersiz yapmalısınız –belki haftada bir ya da iki haftada bir. Ama özel müziğinizi tekrar duyduğunuzda, egzersize geri döneceksiniz çünkü yeniden içinizden gelecek– ve belki de düşündüğünüz kadar uzun süre yapmak zorunda kalmayacaksınız.

Uzun bir zaman önce, egzersizle ilgili bir araştırma yapıldı. Araştırmacılar, kalbinizin 30 dakikadaki çalışma rutininin yalnızca sekiz dakikalık egzersizle tamamlandığını kanıtladılar. Bunun doğru olduğuna inanıyorum. Vücudunuzun 30 dakikalık egzersizde geçirdiği tüm fiziksel reaksiyonların aynısını sekiz dakika içinde yaşadığını buldum. Aslında, günde yalnızca sekiz dakika egzersiz yaparak, neredeyse 30 dakika egzersiz yapmışsınız gibi bir etki elde edebilirsiniz. Yani, sonuç olarak zihninizi, bedeninizin egzersiz yaptığını düşünmesi ve yeniden egzersiz yapmayı istemesi amacıyla tetiklemeniz için yalnızca sekiz dakika müzik dinlemeniz gerekiyor. Bu düşünce formunu bedeninize yeniden çapalamak için her iki haftada bir, günde en az sekiz dakika gerçekten egzersiz yapmanız gerekecek ama işin sırrı, bu, sizin yeniden egzersiz yapmak istemenizi sağlayacak!

EGZERSİZ YAPMADAN EGZERSİZ YAPMAK

Bu tekniği kendimde uygulamaya başladığımda, günde 1 kiloya yakın kilo verdim. Çok hızlı kilo verdiğim için, tiroidimle ilgili bir sorun olup olmadığından emin olmak amacıyla tam kan sayımı yaptırdım. Tiroidim iyiydi, kolesterolüm de güzeldi. Doktorum cesaretlenmişti ve ne yaptığımı öğrenmek istedi. Egzersiz yaptığımı söylediğimde, "Yaptığın egzersiz programına devam et," dedi.

İşte, egzersizimin tamamı aşağıda...

Gizli Egzersizim

Bu süreçte, danışana ya da kendinize aşağıdaki gibi rehberlik edin:

- Kendinizi kalbinizde merkezleyin ve her şeyin bir parçası olan Toprak Ana'nın merkezine gittiğinizi hayal edin.
- Enerjiyi ayaklarınızdan, taç çakraya kadar her çakrayı açarak yukarı çıkardığınızı hayal edin: Güzel bir ışık topunun içinde, evrene doğru yükselin.
- Evreni geçin, ışık tabakalarını geçin, çok parlak ışığı geçin, Yasalar denilen jölemsi tabakayı geçin, incimsi yanardöner parlak beyaz ışığın olduğu Yedinci Varoluş Seviyesine gelin.
- Emri verin: "Her Şeyin Yaratıcısı, bana ve bu müziğe, bu müziği her dinlediğimde bedenimin egzersiz yaptığı hissinin ve bilgisinin yüklenmesi emredilir. Teşekkür ederim. Oldu, oldu, oldu."
- Enerjinin, alanınıza, bedeninizin tüm hücreleri aracılığıyla girdiğini hayal edin.
- Bitirdiğinizde, yine her şeyin enerjisiyle bağlantı kurun, derin bir nefes alın ve eğer uygun görürseniz enerjiyi kesin.
- Sevdiğiniz bir müzik bulun ve altı ila on tekrar arası egzersiz yapın. Aerobik olduğu sürece istediğiniz

her egzersizi yapabilirsiniz. Bunu yapmanız müziği vücudunuzun her hücresine çapalayacaktır.

- Daha sonra, müziği her çaldığınızda bedeninizin egzersiz yaptığını düşünmesi hissini ve bilgisini yükleyin.
- Sonra, bir adım ileri götürün ve geçmişte bu müziği her dinlediğinizde, bedeninizin egzersiz yaptığı bilgisini yükleyin.
- Müziği haftada en az üç kez dinleyin ve eğer yapabilirseniz mümkün olduğunca aerobik hareketlerini ya da dansı kullanarak şarkıyla birlikte egzersiz yapın.

Bir süre sonra, yalnızca müziği dinlemek egzersiz yapmak istemenizi sağlayacak. Müziği her dinlediğinizde, vücudunuz egzersiz yaptığını düşünecek ve fiziksel olarak egzersiz yapmasanız bile kilo vereceksiniz.

Eğer egzersizin sonuna abdominal (karın) çalışma eklerseniz, müzik dinlediğinizde vücudunuz gerçekte egzersiz yapmazken abdominal (karın) çalışma yaptığını düşünecek. Bu, kısmi olarak faydalıdır.

Bu süreci ağırlık çalışarak da denedim ancak ağırlık çalışmada aynı şekilde tekrar eden hareket olmadığından aynı etkiyi de yaratmadı. Benzer şekilde, egzersizi farklı çalışmalarla yüklemek de –örneğin üç dakikalık koşu ve birkaç dakikalık başka bir egzersiz– bende aynı etkiyi yaratmadı. Bunun üzerinde yaklaşık altı ay kadar çalıştım ve esas sonucun aerobik egzersiziyle alındığını buldum. Aerobik egzersizi hızlı kilo vermenizi sağlıyor ve çapalaması kolay ama ağırlık kaldırmak ve diğer programları uygulamak işe yaramaz demiyorum. Çeşitli egzersiz programlarını deneyin ve sizde hangisinin işe yaradığını bulun.

Sesi kısık olarak televizyon izlerken bile, şarkınızı dinlerseniz egzersizinizi yapabilirsiniz. Aksi hâlde bedeninizi egzersiz yapması için televizyon seyretmesi gerektiğine dair eğitmiş olursunuz ve programınıza sadık kalamazsınız.

Yapmayı seçtiğiniz farklı egzersiz türleri için başka bir şarkınız olabilir. Örneğin, bir gün koşu bandını kullanabilirsiniz, diğer gün aerobik dansı yapabilirsiniz ve iki farklı şarkı kullanabilirsiniz.

Eğer şarkınızdan sıkılırsanız ve değiştirmek isterseniz, sürece yeniden başlayabilirsiniz. Bir katman yağdan kurtulduğunuzda bunu yapmaya ihtiyacınız olabilir.

Egzersiz şarkımı her duyduğumda:

1- Egzersiz yapmak isterim ve...

2- Egzersiz yaptığımı düşünürüm.

Her gün egzersiz yapmak için 30 dakikamın olmadığı zamanlar oluyor ama işe gitmem 30 dakika sürdüğü için işe giderken şarkımı dinliyorum, böylece vücudum egzersiz yaptığımı düşünüyor. Müziğin, hipotalamusu ve vücuttaki hormonları tetikliyor olması ve beynin en ilkel noktalarına erişiyor olması muhtemel.

Ben şarkımı çok basit seçtim, böylece vücudumun egzersizin tüm hareketlerini yaptığından emin olabilirdim. Ama şarkının, zihnimde bir olaylar serisinden geçtiğim parçaları olduğunu da biliyordum. Bir film hatırlıyorum, dağların arasında yürüdüğüm aklıma geliyor, kendimi egzersiz aletinin üzerinde görüyorum ve bunların hepsi ben araç kullanırken zihnimden geçiyor!

İNANÇLAR VE KORKULAR PLATOSU

Egzersiz müziğimle harika bir başlangıç başarısı elde ettim ama iki ay sonra şarkıyı daha fazla dinlemek istemediğimi fark ettim. Şarkıyı dinlemek, kilo vermekle ilgili hem negatif hem pozitif inançlarımı geri getirdi.

Geçmiş bir ilişkinin –şiddetli kıskanç bir erkek arkadaşla ilgili– hatıraları geri geldi. Bir keresinde, idrar yolları enfeksiyonu nedeniyle hastaneye gitmiştim, erkek hemşire benimle arkadaşça konuşmaya başladı. Hemşirenin eşcinsel olduğunu ve yalnızca arkadaşça davrandığını biliyordum ama erkek arkadaşım onun benimle flört ettiğini düşündü. Eve gittiğimizde bir kıskançlık kriziyle beni oturma odasına fırlattı. O zamanlar zayıftım, bu nedenle, eğer ince olursam zor duruma düşerim inancım olduğunu anladım. Müziği dinlemeye ve kilo vermeye devam etmek için bu inancı ve bununla ilişkili hisleri temizlemem gerekiyordu. Bu, kilo verirken inanç çalışması yapmaya devam etmeniz gerektiğinin bir örneği.

Diğer bir örnek, Guy ile birlikte 2011 yılında 40 günlük bir Avrupa seyahatine gittiğimizde ortaya çıktı. Bir havaalanında Guy beni bir dakikalığına yalnız bıraktı. Bir adam geldi, yanıma oturdu ve benimle flört etmeye başladı. Guy geri gelip ona dik dik baktığında, adam ayağa kalktı ve gitti, belli ki hayal kırıklığına uğramıştı. Bu, Guy'ı o kadar da üzmedi ama beni gerçekten korkuttu.

Guy benimleyken böyle şeyler için endişelenmeme gerek yoktu. Ama Guy gitmişken ve yanımda flörtöz bir adam otururken, kocamla başımın belaya gireceğinden çok korkmuştum. İyice düşünüldüğünde, bu hislerin şu anki ilişkimle hiçbir alakası olmadığını ve her şeyin geçmişte, 20 yıldan daha uzun bir süre önce yaşadığım ilişkiyle ilgili olduğunu fark ettim.

Müziğe bir kez direnmeye başladığınızda, benim yaptığım gibi, bir diğer inanç katmanının temizlenmesi gerektiğini anlayacaksınız. Bunu yaptığınızda, her şeye rağmen, devam edebilecek ve belli bir kiloda takılıp kalmayacaksınız. Her inanç katmanı üzerinde çalışmalar yaptıkça kendinizle ilgili derin bir anlayış kazanma hâlinizle de büyüleneceksiniz.

Şu anda eğitimler verdiğim için egzersiz yapmaya çok fazla zamanım olmuyor ama kendimi uyarılmış olarak tutmak için hâlâ egzersiz müziğimi her gün dinliyorum. Eve müzik dinleyerek giderken 100 tane şey düşünüyorum ama müziğimi dinlediğim için her zaman kondisyon bisikletini ve egzersizi düşünmeye geri dönüyorum.

Eğer müzik dinlediğimde evde olursam, aşağıya inip egzersiz yapıyorum. Gerçekten. Kendimle mücadele etmiyorum... Çok fazla etmiyorum yani.

Bir gün torunum Jena ile birlikte arabayla alışverişe gidiyorduk. Jena'ya, "Jena beni affetmek zorundasın, egzersiz yapmam gerekiyor," dedim.

"Ne yapıyorsun büyükanne?" diye sordu.

"Egzersizimi yapabilmem için bu şarkıyı sekiz kez dinlemem gerekiyor," diye açıkladım.

Şarkıyı altıncı kez dinlerken Jena bana döndü ve "Vay canına, doğruymuş. Deli gibi terliyorum!" dedi.

8

KATMANLARI BIRAKMAK

Bu programı yaklaşık iki ay uyguladığınızda ve ideal kilonuza doğru ilerlerken, artık daha fazla devam etmek istemediğinizi fark edebilirsiniz. Başka bir inanç katmanına çarptığınız için böyle olur.

Olan şey şudur: duygular ve fiziksel kirleticiler şeklindeki toksinler salınıyor. Beliren duygulardan bazıları, geçmişte temizlenmiş ve inanç çalışması ile başka bir duyguyla değiştirilmiş duygularla benzerdir.

Böyle olmasının nedeni, vücudunuzdaki yağ hücrelerinin hayatınızın belirli bir zamanında vücudunuza eklenmiş olmasıdır; yağ hücrelerinin içinde o zamandan kalma, bir çeşit depolanmış inanç programları ve hisler vardır. Yani, bu hisler (yani yağ hücreleri) egzersiz yoluyla çözüldükçe, eskisiyle benzer türde inanç programlarıyla uğraşıyor olduğunuzu fark edeceksiniz. Programın neden "geri döndüğünü" merak edebilirsiniz. Ama aslında geri dönmemiştir; yalnızca, vücut tarafından sizi korumak için tutulduğu yağ hücrelerinden salıverilmiştir.

Yani, egzersiz yaptıkça ve yağ tabakaları çözüldükçe, her bir katmanda, o katmanda tutulan hislerle, anılarla, toksinlerle ve programlarla ilgilenmek zorunda kalacağız. Ve böylece, her yeni katman, bildiğimiz soğan gibi soyulacak.

BİR DEFADA BİR KATMAN...

Bıraktığınız katmanlarda karşılaşacağınız programların çoğu korkunun bir türü olacaktır:

- Diğerlerinin kıskançlığı korkusu
- Daha küçük olma korkusu
- Kendinizi kaybetme korkusu
- Eskiden olduğunuz kişiden farklı olduğunuz için birini kaybetme korkusu
- Değişim korkusu

Eriştiğiniz katmandaki bu korkularla, diğer programlarla ve hislerle başa çıkmanın yolu, bir veya iki hafta egzersizi bırakmak ve kendi üzerinizde inanç çalışması yapmaktır. Daha sonra egzersiz programına yeniden başlayın. Eski şarkınızla devam edebilir ya da bir sonraki kilo verme katmanı için sevdiğiniz başka bir şarkıyı çalayabilirsiniz.

Verdiğim kiloların ilk katmanı için dinlediğim şarkı bana aydınlığın, adaletin ve iyiliğin nasıl her zaman karanlık ve kötülüğe galip geldiğini hatırlatıyordu. Çünkü o zamanlar deneyimlediğim şey ve o katmandaki yağ hücrelerinin içinde sıkışıp kalan şey buydu.

Tamamen yeni bir katmanda olduğumu keşfettiğimde, kendimde inanç çalışması yaptım ve bir süre sonra çok fazla olumsuz inanç çıkarıp yenisiyle değiştirdiğim için ihtiyaçlarımın değiştiğini fark ettim. Dualitenin (ikililik) eski şarkısının enerjisine artık ihtiyacım yoktu; yeni bir şeyin kuvvetine ihtiyacım vardı. Eski şarkıyı sekiz ay dinlemiştim ve şimdi vites değiştirme zamanı gelmişti. Çapaladığım yeni şarkı hayatın iyi olmasıyla ve benim "onu yarattığımla" ilgiliydi. Yine de 5. adımda yeni şarkı çapalamak için açıklanan tüm süreci takip etmek zorunda olduğumu anladım.

Yalnızca kilo verdiğimiz için yeni inanç katmanlarıyla karşılaşmadığımızı bilmemiz önemlidir. Bu katmanlar genellikle bir değişimin gerilimi içinde olduğumuz, hayatımızın değişik zamanlarında ortaya çıkarlar. Bu, bilinçaltı zihinde yeni katmanlar açar ve bunlar belki de sizin çoktan çıkarıp yenisiyle değiştirdiğiniz inançlarla benzer inançlar olabilirler.

KENDİNİZİ KAYBETME KORKUSU

Uzun zamandır kiloluysanız, kilo vermek sanki kendinizi kaybediyormuşsunuz gibi hissetmenize neden olabilir.

Bedeninizin farkında olmak, size yardımcı olabilir. Bunu yapmanın bir yolu aşağıdaki gibidir.

- Bedeninizde yağın olduğu bölgeyi ovun; göbek bölgeniz gibi mesela.
- Midenizi ovalarken geçmişi düşünün. Eğer ince olduğunuz zamanlar varsa, o hatıralara doğru geri gidin.
- İnce olmanın ne kadar kolay olduğunu hatırlayın. Çoğu insanda bu, gençlik enerjisini de geri getirir.

- Sonra, çapalama için midenizi ovalarken bu hisleri Yaratıcıdan kendinize yükleyin. Bu, gençliğin altın parlaklığını ve ideal kilonuzun hissini yeniden kazanmaya yardımcı olur.

Eğer gençliğinizin gücüyle ilgili anılar sizi korkutuyorsa, yeni bir şeyler yaratabilmek için bu olumsuz enerjileri temizlemeniz gerekir.

Ölçünüzün ve bedeninizin farkında olmak önemlidir. Aşırı obez insanların nadiren aynada kendilerine baktıklarını fark ettim. Sadece büyük mağazalarda, pencere camlarının önünden geçtiklerinde bakıyorlar ve ölçüleri nedeniyle şok oluyorlar. O zaman bile gördüklerini umursamayarak kendilerine, oldukları hâlleriyle mutlu olduklarını söylüyorlar.

Bu, gerçeklikten ve bedenden kopuştur. Bu nedenle kendinize dokunmalı ve kendinizi ince hâlinizle görmelisiniz; bu, bedeninizle yeniden bağlantı kurmanızı sağlayacağı gibi bir sonraki kilo katmanına doğru ilerlemenize de yardımcı olacak.

BAŞARMA KORKUSU

İlginç bir şekilde, belki de bizi ideal kilomuza giden yolda engelleyen sorunlar genellikle başarı sorunlarıdır. Eğer ideal kilonuza doğru ilerlerken başarısız olursanız, kendinize "Tamam, bu işe yaramadı. Önemli değil," deyin. Eğer başarırsanız, bu değişime neden olur. Ve bu da korkutucu olabilir.

Bunun bir nedeni de kendinizi farklı görecek olmanız ve dünyanın da sizi farklı görecek olmasıdır. İnce ve güçlü olursanız dünya sizi nasıl algılayacak? Sevgiyle mi yoksa kıskançlıkla mı? Hangisi olacak? Yoksa tamamen başka bir şey mi? Bu, kilo verdiğinizde yüzleşmeniz gereken bir bilinmezlik korkusudur.

ThetaHealing her şeyin bizim inanç sistemlerimizin bir ürünü olduğunu öğretir. Yaratıcı'nın bir parçası olduğumuz için düşüncelerimize ve ilahiliğimize dayanarak gerçekten kendi gerçekliğimizi yaratırız. Kendi ilahi gerçekliğimizi yaratırız ve bu gerçekliğin iyi, kötü ya da vasat olması bize bağlıdır.

Bu nedenle ideal kilomuzda olmamamızın, fark ettiğimizden daha çok inançlarımızla ilgili olduğuna inanıyoruz. Aşırı kilolu ya da aşırı sıska olmak, kendi öz imgemizin yansıtılması olabilir ve bu da kendimizle ilgili ne hissettiğimize bağlıdır. Yine, bu iyi, kötü ya da vasat olabilir.

Eğer aşırı kiloluysanız, bunun nedenleri vardır, bir tanesi de bilinçaltınızın sizi, tehdit olarak algıladığı şeyden korumak istemesi olabilir. Bilinçaltı sadece öğretileni bilir, örneğin eğer ona ilişkilerin kötü olduğu öğretildiyse, bilinçaltınız sizi bu nedenle kilolu tutar, böylelikle ilişkiye girmemeniz için bir mazeretiniz olur.

Şu ana kadar gördüğümüz gibi insanların kilolu olmalarının çok farklı nedenleri vardır. Hepsi kendi öz imgemizin yansıtılmasıdır. Bedenimizi ve kendimizle ilgili nasıl hissettiğimizi keşfettikçe, aşırı kilolu olmanın kötü bir öz imge olması gerekmediğini görürüz. Bazen yüksek ve ilahi bir şekilde amacına hizmet eder.

Sonuçta, inandığımız şeyi değiştirmek bizim elimizdedir. ThetaHealing'de insanlara ilahi düşüncelere, ilahi öze sahip olabileceklerini ve en sağlıklı hâlde olabileceklerini öğretmek istiyoruz. Bu kilo programı; zihin, beden ve ruh arasında ayrım olmadığını fark eden, yaptığımız şeyleri neden yaptığımızla ve öz yansıtmamızı nasıl değiştirebileceğimizle ilgili bir anlayış kazanmak isteyen sezgisel insanlar içindir.

Bedeninizdeki yağ birikimini yok etmek amaçlandığından bu diyetin herhangi bir zamanında alkollü içeceklere izin verilmez. Eğer alkol alacaksanız diyeti 24 saat öncesinden bırakmanız gerekir.

Diğer kesin yasaklar ise kızarmış yiyecekler, tavuk derisi, ekmek ve asitli içeceklerdir (diyet olanlar dahil). Arıtılmış su, şekersiz çay, süt tozlu ya da sade kahve, şekersiz meyve suyu, yaban mersini suyu ve yağsız süt tüketin. Etin yerine et günlerinin birinde haşlanmış ve ya fırınlanmış tavuk ya da balık da tüketebilirsiniz ama diğer et gününde yüksek proteinli kırmızı et yediğinize emin olun.

Her acıktığınızda bu basit yağ yakıcı çorbadan istediğiniz kadar yiyebilirsiniz-ne kadar çok yerseniz o kadar çok kilo verirsiniz, yiyebildiğiniz kadar yiyin.

Reçeteli ilaçlarınız bu diyetle size zarar vermeyecektir.

Bu plana istediğiniz kadar devam edebilirsiniz.Hem fiziksel hem de zihinsel olarak farkı hissedeceksiniz.

9

TAVSİYE EDİLEN DİYETLER

Bazı insanlar diyette olmadıkları sürece kilo vereceklerine inanmazlar. Bunun nedeni, geçmişte başarılı diyetler yapmış olmaları ve diyetin onlara sağladığı yapıya ihtiyaç duymalarıdır.

DİYABET DİYETİ

Eğer diyet yapmak zorundaysanız ya da diyet yapmak istiyorsanız, size diyabet diyetini tavsiye ediyorum; çünkü diyabet diyeti, gün içinde size küçük miktarlarda yemeyi ve karbonhidrat saymayı öğretir. Ama şunu anlayın: Egzersiz yine de çok önemlidir ve egzersiz yapmak için egzersizin size zarar vereceği korkunuzun üstesinden gelmeniz gerekir.

Diyabet diyetiyle öğün başına yalnızca 30 karbonhidrat ve atıştırmalık başına 15-20 karbonhidrat alabilirsiniz ama günde üç öğün ve iki atıştırmalık yemelisiniz.

Aşağıdaki Diyabet Diyeti tablosu, değişik yiyecek türlerindeki karbonhidratları nasıl sayacağınızı gösteriyor.

Karbonhidrat Sayımı: Nişastalar		
Yiyecek türü	**Porsiyon**	**Porsiyon başına düşen karbonhidrat**
Simit	28 gr	15
Düşük kalorili ekmek	2 dilim (45 gr)	15
Beyaz/tam buğday/çavdar ekmeği	1 dilim (28 gr)	15
Kıtır ekmek çubukları (4 X 1 cm)	4 (18 gr)	15
İngiliz usulü muffin	1/2	15
Hot dog/hamburger ekmeği	1/2 (28 gr)	15
Naan (tandır) ekmeği (8X5cm)	1/4	15
Pankek (10 cmlik)	1	15
Pita emeği (15 cm)	1	15
Sade açma (küçük)	1 (28 gr)	15
Kurutulmuş kuru üzüm ekmeği (1 dilim)	28 gr	15
Mısırlı tortilla (15cm)	1	15
Un tortillası	(15 cm) 1	15
Un tortillası	(25 cm) 1/3	15
Yağı azaltılmış waffle	(10 cm) 1	15
Kepekli tahıllar	½ kap (75gr)	15
Bulgur	½ kap (75gr)	15
Pişmiş tahıllar	1/2kap (75gr)	15
Şekersiz tahıllar	¾ kap (113gr)	15
Kuru mısır unu	3 yemek kaşığı	15

Yiyecek türü	Porsiyon	Porsiyon başına düşen karbonhidrat
Kuskus	1/3 kase (50gr)	15
Kuru un	3 yemek kaşığı	15
Düşük yağlı granola	¼ kase (38gr)	15
Kuru üzüm	¼ kase (38gr)	15
Öğütülmüş tahıl	½ kase (75gr)	15
Müsli	¼ kase (38gr)	15
Yulaf	½ kase (75gr)	15
Kara buğday	½ kase (75gr)	15
Darı	1/3 kase (50gr)	15
Makarna	1/3 kase (50gr)	15
Kabarık mısır gevreği	1 buçuk kase (225gr)	15
Siyah kahverengi pirinç	1/3 kase (50gr)	15
Rendelenmiş buğday	Yarım kase (75gr)	15
Şekerli mısır gevreği	Yarım kase (75gr)	15
Buğday tohumu	3 yemek kaşığı	15
Pişirilmiş kuru fasulye	1/3 kase (50gr)	15
Mısır (Tatlı)	Yarım kase (100gr)	15
Mısır koçanı (Büyük)	Yarım koçan (150gr)	15
Karışık sebzeler	Yarım kase (200gr)	15
Bezelye	Yarım kase (100gr)	15
Yeşil Muz	(100gr)	15

Yiyecek türü	Porsiyon	Porsiyon başına düşen karbonhidrat
Haşlanmış patates	Orta boy (75 gr)	15
Fırında kabuklu patates	Büyük boy un ¼ (75 gr)	15
Patates püresi	Yarım kase (100 gr)	15
Balkabağı	1 kase (200 gr)	15
Tatlı patates	Yarım kase (100 gr)	15
Kraker	8 adet	15
Hazmı kolaylaştıran krakerler	6 cm 3 adet	15
Bazlama	¾ (20gr)	15
Etimek	4 dilim	15
İstiridye kraker	20 adet	15
Patlamış mısır (yağsız)	3 kase (575gr)	15
Tuzlu kraker	¾ oz (20gr)	15
Pirinç keki	10 cm 2 adet	15
Tuzlu bisküvi	6 adet	15
Patates cipsi (yağsız)	15-20 adet (20 gr)	15
Kepekli kraker (yağsız)	2-5 adet (20 gr)	15
Fasulye	Yarım kase (100 g)	15
Lima fasulyesi	2/3 kase (125 gr)	15
Etli yeşil mercimek	1/2 kase (75 gr)	15
Soya fasulyeli ve et sulu çorba	3 yemek kaşığı	15
Bisküvi (6 cm)	1	15

Yiyecek türü	Porsiyon	Porsiyon başına düşen karbonhidrat
Mısır ekmeği (5 cm kare)	1 (60 gr)	15
Kızarmış noodle	Yarım kase (100 gr)	15
Tereyağlı yuvarlak kraker	6	15
Kruton (çorbaya ya da salataya eklenen kızarmış küçük ekmek)	1 Kase (200 gr)	15
Kızarmış patates (fırınlanmış)	1 kase (50 gr)	15
Humus	1/3 kase (65 gr)	15
Muffin	Yarım parça (28 gr)	15
Sandviç krakerler (peynirli, fıstık ezmeli)	3	15
Abur cubur cipsleri	9-13 (20 gr)	15
Hazır acı ekmek sosu	Yarım kase (65 gr)	15
Taco kabuğu (12 cm)	2	15
Kepekli krakerler	4-7 (28 gr)	15
Küçük, soyulmamış elma	1 (120 gr)	15
Şekersiz elma sosu	Yarım kase (100 gr)	15
Kurutulmuş elmalar	4 halka	15
Taze kayısı	4 bütün (165 gr)	15
Kuru kayısı	8 tane	15
Konserve kayısı	Yarım kase (100 gr)	15
Küçük muz	1 (120 gr)	15
Böğürtlen	3/4 kase (150 gr)	15
Yaban mersini	3/4 kase (150 gr)	15
Kavun	Yarım adet	15

Yiyecek türü	Porsiyon	Porsiyon başına düşen karbonhidrat
Tatlı taze kiraz	Yarım kase (100 gr)	15
Hurma	3 adet	15
Taze incir	1 ½ adet büyük (100 gr)	15
Kuru incir	1 ½ adet	15
Konserve meyve kokteyli	Yarım kase (100 gr)	15
Taze büyük greyfurt	Yarım adet (325 gr)	15
Konserve kesilmiş greyfurt	3/4 kase (150 gr)	15
Küçük üzüm tanesi	17 tane (75 gr)	15
Tatlı ve sulu kavun	1 dilim (300 gr)	15
Kivi	1 adet (100 gr)	15
Konserve mandalina	3/4 kase (150 gr)	15
Küçük mango	Yarım adet (165 gr)	15
Küçük nektarin	1 adet (150 gr)	15
Küçük portakal	1 adet (190 gr)	15
Papaya	Yarım adet (250 gr)	15
Taze orta şeftali	1 adet (175 gr)	15
Konserve şeftali	1 adet (175 gr)	15
Taze büyük armut	Yarım adet (125 gr)	15
Konserve armut	Yarım kase (100 gr)	15
Taze ananas	3/4 kase (150 gr)	15
Konserve ananas	Yarım kase (100 gr)	15
Küçük taze erik	2 adet (150 gr)	15
Konserve erik	Yarım kase (100 gr)	15

Yiyecek türü	Porsiyon	Porsiyon başına düşen karbonhidrat
Kurutulmuş erik	3 adet	15
Kuru üzüm	2 yemek kaşığı	15
Ahududu	1 kase (200 gr)	15
Çilek (bütün)	1 ¼ kase (250 gr)	15
Küçük mandalina	2 adet (250 gr)	15
Karpuz	1 dilim (415 gr)	15
Şekersiz elma suyu	4 fl oz (120 ml)	15
Yaban mersini suyu kokteyli	3 fl (80 ml)	15
Kalorisi azaltılmış yaban mersini suyu kokteyli	8 fl oz (240 ml)	15
%100 karışık meyve suyu	3 fl oz (80 ml)	15
Üzüm suyu	3 fl oz (80 ml)	15
Greyfurt suyu	4 fl oz (120 ml)	15
Portakal suyu	4 fl oz (120 ml)	15
Ananas suyu	4 fl oz (120 ml)	15
Kuru erik suyu	3 fl oz (80 ml)	15
Yağsız süt	8 fl oz (240 ml)	12
%0,5 yağlı süt	8 fl oz (240 ml)	12
%1 yağlı süt	8 fl oz (240 ml)	12
%2 yağlı süt	8 fl oz (240 ml)	12
Tatlı, asidi arttırılmış süt	8 fl oz (240 ml)	12
Tam yağlı süt	8 fl oz (240 ml)	12
Kısmen suyu alınmış tam yağlı süt	4 fl oz (120 ml)	12

Yiyecek türü	Porsiyon	Porsiyon başına düşen karbonhidrat
Keçi sütü	8 fl oz (240 ml)	12
Kreması alınmış süt (az yağlı/yağsız)	8 fl oz (240 ml)	12
Kısmen suyu alınmış yağsız süt	4 fl oz (120 ml)	12
Yağsız süt tozu	1/3 kase (47 gr)	12
Soya sütü (az yağlı / yağsız)	8 fl oz (240 ml)	12
Yoğurt (yağsız, aromalı, fruktoz ile tatlandırılmış)	6 oz (175 gr)	12
Sade, yağsız yoğurt	6 oz (175 gr)	12
Kefir	8 fl oz (240 ml)	12
Sade yoğurt (tam yağlı sütten)	8 oz (250 gr)	12
Ton balıklı noddle güveç	1 kase (250 gr)	30
Lazanya	1 kase (250 gr)	30
Köfteli spagetti	1 kase (250 gr)	30
Kırmızı biberli fasulye	1 kase (250 gr)	30
Peynirli makaroni makarna	1 kase (250 gr)	30
Kızarmış karışık sebzeler	2 kase (500 gr)	15
Ton balıklı/tavuklu salata	Yarım kase (100 gr)	8
Dondurulmuş yemekler	Yaklaşık 14-17 oz (425-525 gr)	45
Etsiz, soyalı burger	3 oz (75 gr)	8

Yiyecek türü	Porsiyon	Porsiyon başına düşen karbonhidrat
Sert sebze ağırlıklı burger	3 oz (75 gr)	15
İnce hamurlu peynirli pizza	4½-5 oz (140-150 gr)	30
İnce hamurlu etli pizza	5 oz (150 gr)	30
Sebzeli ve etli tart (hamurdan yapılmış)	1 adet (7 oz/200 gr)	38
340 kaloriye yakın menüler	8-11 oz (250-325 gr)	30-45
Fasulye çorbası	8 fl oz (240 ml)	15
Kremalı çorba	8 fl oz (240 ml)	15
Hazır çorba	6 fl oz (175 ml)	15
Hazır çorba (mercimekli/fasulyeli)	8 fl oz (240 ml) hazırlanılmış	38
Domates çorbası	8 fl oz (240 ml)	15
Kurutulmuş bezelyeli çorba	4 fl oz (120 ml)	15
Sebzeli, etli, tavuklu noodle çorbası	8 fl oz (240 ml)	15
Pandispanya	2 oz (60 gr)	30
Küçük dondurulmamış brownie	1 oz (28 gr)	15
Dondurulmamış pasta	1 oz (28 gr)	15
Dondurulmuş pasta	1 oz (28 gr)	30
Kurabiye Kremalı bisküvi	2 küçük (18 gr)	15
Jöleli Yaban mersini sosu	1/4 kase (50 gr)	23
Dondurulmuş cupcake	1 küçük adet (60 gr)	30

Yiyecek türü	Porsiyon	Porsiyon başına düşen karbonhidrat
Şekersiz kurabiye	3 küçük/ 1 büyük (21-28 gr)	15
Lokma, şerbetsiz	1 orta boy (40 gr)	23
Lokma, şerbetli	1 küçük boy (60 gr)	30
Yulaflı bar	1 bar (60 gr)	30
Meyveli tart	Yarım kase (100 gr)	45
%100 meyve sulu bar, donmuş	1 bar (90 gr)	15
Çiğnenen meyveli atıştırmalıklar	1 rulo (21 gr)	15
%100 meyveli reçeller	1½ yemek kaşığı	15
Sade jöle	Yarım kase (50 gr)	15
Zencefilli kurabiyeler	3 adet	15
Bal	1 yemek kaşığı	15
Dondurma	Yarım kase (100 gr)	15
Light dondurma	Yarım kase (100 gr)	15
Az yağlı dondurma	Yarım kase (100 gr)	23
Yağsız şekersiz dondurma	Yarım kase (100 gr)	15
Reçel	1 yemek kaşığı	15
Tam yağlı çikolatalı süt	1 kase (240 ml)	30
Meyveli tart (2 kabuk)	1/6 hazır tart (20 cm)	45
Balkabaklı/muhallebili tart	1/8 hazır tart (20 cm)	30

Yiyecek türü	Porsiyon	Porsiyon başına düşen karbonhidrat
Normal pudding (yağı azaltılmış sütle)	Yarım kase (100 gr)	30
Kalorisi azaltılmış yemek yerine geçen karışımlar (içecek)	4 fl oz (120 ml)	23
Sade yağı azaltılmış/yağsız pirinç sütü	8 fl oz (240 ml)	15
Aromalı yağı azaltılmış pirinç sütü	8 fl oz (240 ml)	23
Yağsız salata sosu	2 fl oz (60 ml)	15
Sorbe	Yarım kase (100 gr)	30
Konserve makarna sosu	Yarım kase (100 gr)	15
Sporcu içecekleri	8 fl o (240 ml)	15
Şeker	1 yemek kaşığı	15
Marmelatlı milföy	1 adet (65 gr)	38
Light şurup	2 yemek kaşığı	15
Normal şurup	1 yemek kaşığı	15
Normal şurup	4 yemek kaşığı	60
Vanilyalı gofret	5 adet	15
Dondurulmuş yoğurt	Yarım kase (100 gr)	15
Yağsız dondurulmuş yoğurt	1/3 kase (65 gr)	15

Yiyecek türü	Porsiyon	Porsiyon başına düşen karbonhidrat
Az yağlı meyveli yoğurt	1 kase (200 gr)	45
Dürüm	1 adet (150-200 gr)	45
Tavuk parçaları (chicken nugget)	6 adet	15
Tavuk göğsü ya da kanat (ızgara ya da kızartılmış)	İçinden 1 tanesi	15
Izgara tavuklu sandviç	1 adet	30
Acılı tavuk kanatları	6 adet (150 gr)	0
Balıklı sandviç tartar soslu	1 adet	45
Kızarmış patates (cips)	1 orta boy (150 gr)	60
Normal hamburger	1 adet	30
Büyük hamburger	1 adet	30
Sosisli sandiviç	1 adet	15
Küçük pizza	1 adet	75
İnce hamurlu peynirli pizza	6 oz (175 gr)	38
İnce hamurlu etli pizza	6 oz (175 gr)	38
Yumuşak servisli külah	1 küçük boy (150 gr)	38
Normal deniz mahsüllü sandiviç	1 adet (15 cm)	53
6 gramdan daha az yağlı sandviçler	1 adet (15 cm)	45
Sert/yumuşak kabuklu taco	1 adet (100 gr)	15

Yiyecek türü	Porsiyon	Porsiyon başına düşen karbonhidrat
Krem peynir (yağsız)	1 yemek kaşığı	5
Süt tozu (sıvı)	1 yemek kaşığı	5
Süt tozu (toz)	2 yemek kaşığı	5
Mayonez (yağsız)	1 yemek kaşığı	5
Mayonez (yağı azaltılmış)	1 yemek kaşığı	5
Margarin (yağsız)	4 yemek kaşığı	5
Margarin (yağı azaltılmış)	1 yemek kaşığı	5
Mayonezli sos (yağsız)	1 yemek kaşığı	5
Mayonezli sos (yağı azaltılmış)	1 yemek kaşığı	5
Salata sosu (yağsız, yağı azaltılmış)	1 yemek kaşığı	5
Ekşi krema (yağsız, yağı azaltılmış)	1 yemek kaşığı	5
Salata sosu İtalyan (yağsız)	2 yemek kaşığı	5
Krem şanti (normal)	1 yemek kaşığı	5
Krem şanti (light ya da yağsız)	2 yemek kaşığı	5
Sert şeker (şekersiz)	1 adet	5
Jöleli tatlı, Jöleli aromasız sakız, Jelibon (light)	2 yemek kaşığı	5
Şurup (şekersiz)	2 yemek kaşığı	5

Yiyecek türü	Porsiyon	Porsiyon başına düşen karbonhidrat
Kakao tozu (şekersiz)	1 yemek kaşığı	5
Kahve, sade		0
Diyet gazoz, kola		0
Şekersiz içecek karışımları		0
Çay (siyah veya bitkisel)		0
Tonik		0
Ketçap	1 yemek kaşığı	5
Yaban turbu	1 yemek kaşığı	5
Limon suyu	1 yemek kaşığı	5
Misket limon suyu	1 yemek kaşığı	5
Hardal	1 yemek kaşığı	5
Turşu suyu	1 yemek kaşığı	5
Salatalık turşusu	1 ½ orta boy	5
Ekmek üstü tatlı turşu	2 dilim	5
Salatalık turşusu	3/4 oz (20 gr)	5
Salsa sos	1/4 kase (50 gr)	5
Soya sosu (normal ya da light)	1 yemek kaşığı	5
Taco sosu	1 yemek kaşığı	5
Sirke	1 yemek kaşığı	5
Yoğurt	2 yemek kaşığı	5
Aroma ekstraları		0
Sarımsak		0
Ot (taze ya da kurutulmuş)		0

Yiyecek türü	Porsiyon	Porsiyon başına düşen karbonhidrat
Tatlı kırmızı biber		0
Baharatlar		0
Acı biber sosu		0
Şarap, yemeklerde kullanılan		0
Soya sosu ve sirke bulunan acı sos (Worcestershire)		0
Enginar	Yarım kase (100 gr pişirilmiş) ya da 1 kase (200 gr çiğ)	5
Enginar kalbi	Yarım kase (100 gr pişirilmiş) ya da 1 kase (200 gr çiğ)	5
Kuşkonmaz (asparagus)	Yarım kase (100 gr pişirilmiş) ya da 1 kase (200 gr çiğ)	5
Fasulye (yeşil, yer, İtalyan)	Yarım kase (100 gr pişirilmiş) ya da 1 kase (200 gr çiğ)	5
Soya filizi	Yarım kase (100 gr pişirilmiş) ya da 1 kase (200 gr çiğ)	5
Şeker pancarı	Yarım kase (100 gr pişirilmiş) ya da 1 kase (200 gr çiğ)	5
Brüksel lahanası	Yarım kase (100 gr pişirilmiş) ya da 1 kase (200 gr çiğ)	5
Lahana	Yarım kase (100 gr pişirilmiş) ya da 1 kase (200 gr çiğ)	5

Yiyecek türü	Porsiyon	Porsiyon başına düşen karbonhidrat
Havuç	Yarım kase (100 gr pişirilmiş) ya da 1 kase (200 gr çiğ)	5
Karnıbahar	Yarım kase (100 gr pişirilmiş) ya da 1 kase (200 gr çiğ)	5
Kereviz	Yarım kase (100 gr pişirilmiş) ya da 1 kase (200 gr çiğ)	5
Salatalık	Yarım kase (100 gr pişirilmiş) ya da 1 kase (200 gr çiğ)	5
Patlıcan	Yarım kase (100 gr pişirilmiş) ya da 1 kase (200 gr çiğ)	5
Yeşil soğan	Yarım kase (100 gr pişirilmiş) ya da 1 kase (200 gr çiğ)	5
Yeşillikler	Yarım kase (100 gr pişirilmiş) ya da 1 kase (200 gr çiğ)	5
Pırasa	Yarım kase (100 gr pişirilmiş) ya da 1 kase (200 gr çiğ)	5
Karışık sebzeler (mısır, bezelye haricinde)	Yarım kase (100 gr pişirilmiş) ya da 1 kase (200 gr çiğ)	5
Mantar	Yarım kase (100 gr pişirilmiş) ya da 1 kase (200 gr çiğ)	5

Yiyecek türü	Porsiyon	Porsiyon başına düşen karbonhidrat
Bamya	Yarım kase (100 gr pişirilmiş) ya da 1 kase (200 gr çiğ)	5
Soğan	Yarım kase (100 gr pişirilmiş) ya da 1 kase (200 gr çiğ)	5
Bezelye	Yarım kase (100 gr pişirilmiş) ya da 1 kase (200 gr çiğ)	5
Biber	Yarım kase (100 gr pişirilmiş) ya da 1 kase (200 gr çiğ)	5
Turp	Yarım kase (100 gr pişirilmiş) ya da 1 kase (200 gr çiğ)	5
Salata yeşillikleri (marul, hindiba, ıspanak)	Yarım kase (100 gr pişirilmiş) ya da 1 kase (200 gr çiğ)	5
Lahana turşusu	Yarım kase (100 gr pişirilmiş) ya da 1 kase (200 gr çiğ)	5
Ispanak	Yarım kase (100 gr pişirilmiş) ya da 1 kase (200 gr çiğ)	5
Sakız kabağı	Yarım kase (100 gr pişirilmiş) ya da 1 kase (200 gr çiğ)	5
Domates	Yarım kase (100 gr pişirilmiş) ya da 1 kase (200 gr çiğ)	5
Konserve domates	Yarım kase (100 gr pişirilmiş) ya da 1 kase (200 gr çiğ)	5

Yiyecek türü	Porsiyon	Porsiyon başına düşen karbonhidrat
Domates sosu	Yarım kase (100 gr pişirilmiş) ya da 1 kase (200 gr çiğ)	5
Domates/sebze suyu	Yarım kase (100 gr pişirilmiş) ya da 1 kase (200 gr çiğ)	5
Şalgam (turp)	Yarım kase (100 gr pişirilmiş) ya da 1 kase (200 gr çiğ)	5
Su kestanesi	Yarım kase (100 gr pişirilmiş) ya da 1 kase (200 gr çiğ)	5
Su teresi	Yarım kase (100 gr pişirilmiş) ya da 1 kase (200 gr çiğ)	5
Kabak (dolmalık)	Yarım kase (100 gr pişirilmiş) ya da 1 kase (200 gr çiğ)	5

SACRED HEART MEMORIAL HASTANESİ DİYETİ

Bu diyet hızlıca kilo vermek isteyenler içindir. Bu diyeti Sacred Heart Memorial Hastanesi hazırlamıştır ve çabucak kilo vermesi gereken kalp hastaları için kullanılmaktadır. Genellikle ameliyat öncesi için uygulanır.

Basit, yağ yaktıran çorba

Bu çorbayı ne zaman acıkırsanız yiyebilirsiniz ve ne kadar yemek isterseniz yiyebilirsiniz. Bu çorba diyetinize fazla miktarda kalori eklemeyecektir. Ve ne kadar çok yerseniz o kadar çok kilo verebileceksiniz. Eğer gün içinde evin dışında olacaksanız bir adet termosun içine doldurabilirsiniz.

Not: Eğer bu çorbayı uzun bir süre için tek başına yerseniz, yetersiz beslenmeden canınız sıkılabilir.

Malzemeler:

12 adet yeşil soğan / taze soğan, doğranmış

1 ya da 2 konserve doğranmış domates

1 büyükbaş lahana, doğranmış

2 adet yeşil biber

1 demet kereviz

1 paket hazır soğan çorbası

Opsiyonel olarak: Kişniş ya da doğranmış maydanoz.

Tatlandırmak için: Tuz, karabiber, köri tozu, bulyon ya da acı sos (tabasko).

Yapılışı:

Sebzeleri küçük ve orta büyüklükte parçalar şeklinde kesin, hazır soğan çorbasını ekleyin, konserve domatesleri ve baharatları bir arada suyun içine koyun. 5-10 dakikalığına kaynatın ve sebzeler yumuşayana kadar kısık ateşte pişirmeye devam edin.

7 Günlük Diyet Listesi

Birinci Gün:

Sadece çorba ve meyve tüketin. Her çeşit meyveyi (muz haricinde) tüketebilirsiniz. Ama özellikle kavun ve karpuz tüketebilirsiniz çünkü kalorileri diğer meyvelere nazaran daha düşüktür.

İçecek olarak: Şekersiz çay, kızılcık ya da yaban mersini suyu, arıtılmış su.

İkinci Gün:

Meyve tüketmeyin. Sebze tüketebilirsiniz. Sevdiğiniz taze, çiğ ya da konserve sebzelerle doyana kadar yiyebilirsiniz. Daha çok yeşil ve lifli sebzelerden tüketmeye çalışın ve fasulye, mısır ve bezelyelerden uzak durun.

Çorbadan tüketebildiğiniz kadar çok tüketin. Akşam yemeğinde kendinizi haşlanmış patatesle ödüllendirin.

Üçüncü Gün:

Çorba, sebze ve meyvelerden istediğiniz kadar tüketin. Haşlanmış patates tüketmeyin.

Dördüncü Gün:

Eğer üç gün boyunca yukarıdaki diyete uyduysanız ve hiç kaçamak yapmadıysanız, sabah tartıldığınızda yaklaşık 2,5-3 kilo verdiğinizi fark edeceksiniz. Eğer fazla kiloluysanız bu durum 3-5 kilo arasında olacaktır. Ben şahsen 5 kilo verdim.

Dördüncü gün, sadece 3 tane muz ve yağsız süt tüketin ve çokça arıtılmış su tüketmeye çalışın. (Ben suyun içine taze limon suyu da eklemiştim.) Muz içerisinde bolca kalori ve karbonhidrat barındırır ve sütte aynı şekildedir.

Ama bugün bedeneniniz potasyuma ve karbonhidratlara, proteinlere, ayrıca kalorilere ve şekerlemelere olan özlemi gidermeye ihtiyaç duyacaktır.

Bugün çorbayı en azından iki kere tüketin.

Beşinci Gün:

Biftek ve domatesler. Bugün için 300-600 gram arasında biftek ve bir kutu domates ya da 6 adet taze domates tüketebilirsiniz. 6-8 bardak arıtılmış su içmeye çalışın çünkü su bedeninizdeki bugün için biriken ürik asidi yıkayarak bedeninizden çıkaracaktır. Bugün için en az bir kere çorbadan içtiğinizden emin olunuz. (Ben biftek yerine somon tüketmeyi tercih ettim.)

Altıncı Gün:

Biftek ve sebze günü. Bugün kalbiniz için biftek ve sebzeleri tüketin. Bugün isterseniz 2 yada 3 parça biftek tüketebilirsiniz. Yeşil ve lifli sebzelerden tüketin. Haşlanmış patates tüketmeyin. Çorbayı en az bir defa tükettiğinizden emin olun.

Yedinci Gün:

Esmer pirinç, şekersiz meyve suyu, sebze günü. Karnınızı doyurun. Çorbadan en az bir defa tüketmeyi ihmal etmeyin.

Yedinci günün sonunda ya da sekizinci günün sabahında eğer kaçamak yapmadıysanız 4,5-7,5 kilo verebileceksiniz. Eğer ki 6,5 kilo verdiyseniz, sadece 2 gün için diyeti bırakın 2 günden sonra tekrar birinci günle başlayabilirsiniz.

Dilediğiniz kadar bu diyete devam edebilir, değişimi hissedebilirsiniz. Yalnızca 7 gün sonra, kendinizi sadece 4,5 kilo vererek daha ince hissedecek, çok daha enerji dolu olacaksınız.

Bu 7 günlük diyet programını istediğiniz zaman kullanabilirsiniz. Bu hızlı ve yağ yakıcıdır, sırrı da ne kadar az kalori alsanız da o kadar çok kalori vermiş olacak olmanızdır. Bu durumun etkisiyle, eğer doğru şekilde takip edilirse, kirlenen sisteminizi temizleyerek size daha önce hiç hissetmediğiz kadar çok şifa sağlayacaktır.

Bunun nedeni herkesin sindirim sisteminin farklı olmasından kaynaklanır. Bu diyet herkesi farklı bir şekilde etkilemektedir. Genellikle diyetin üçüncü gününden sonra ne olursa olsun kendinizi diyete başladığınızdan daha enerjik hissedeceksiniz, diyete başladığınız birkaç günün ardından bağırsak hareketlenmelerinizde bir değişim olduğunu hissedeceksiniz. Bir kupa kepek ya da lif yiyin. Her ne kadar bu diyetle sade kahve içebiliyor olsanız da, diyetin üçüncü gününden sonra artık kafeine ihtiyaç duymadığınızı fark edebilirsiniz. (Ben kahve tüketmemeyi tercih ettim.)

Bu diyet alkollü hiçbir içeceği hiçbir zaman içinde barındırmamaktadır çünkü bu diyet yağ birikintilerini vücut sisteminizden atmaktadır. Eğer ki alkol alacaksanız bu diyeti 24 saat önce bırakmalısınız.

Diyette olmaması gereken diğer önemli şeyler ise; kızarmış yiyecekler, tavuk derisi, ekmek ve asitli, karbonatlı içeceklerdir (diyet içecekler dâhil). Kendinizi arıtılmış su, şekersiz çay, sade kahve, kızılcık ya da yaban mersini suyu ve yağsız süt içmeye alıştırın. Izgara ya da fırınlanmış tavuk veya et yerine ızgara balığı, et günlerinizden birinde tercih edebilirsiniz ama diğer günlerde yüksek proteinli et yemelisiniz.

Kendinizi ne zaman aç hissederseniz o zaman basit yağ yakıcı çorbadan yiyebilirsiniz. Ne kadar çok bu çorbadan tüketirseniz o kadar çok kilo verdiğinizi fark edeceksiniz. Dilediğiniz kadar yiyebilirsiniz.

Kullandığınız reçeteli ilaçlar var ise bu diyet sizi bu konuda rahatsız etmeyecektir.

Bu plana istediğiniz kadar devam edebilir ve değişimi hem zihinsel hem fiziksel hissedebilirsiniz.

KAYNAKLAR

THETAHEALİNG SINIFLARI

ThetaHealing, Vianna Stibal tarafından kurulan enerji-şifa tekniğidir. Merkezi Ammon, Idaho'da olup dünyanın her tarafında sertifikalı eğitmenleri vardır. ThetaHealing sınıfları ve kitapları zihnin iyileşme yeteneğini arttırmak üzere hazırlanmış, terapik, kendi kendine iyileşme rehberleridir.

ThetaHealing aşağıdaki kitaplar, ders notları ve sınıflardan oluşur:

Vianna ve Sertifikalı Thetahealing Eğitmenleri Tarafından Verilen Kurslar:

Vianna'nın DNA 2 Kursu

Vianna'nın DNA 2 İleri Seviye Kursu: Varoluş Seviyeleri

Vianna'nın Sezgisel Anatomi Kursu

ThetaHealing Yaratım ve Bereket Kursu

Thetahealing Gökkuşağı Çocukları Kursu

Thetahealing Hastalıklar ve Bozukluklar Kursu

Thetahealing Dünya İlişkileri Kursu

Thetahealing Institute of Knowledge da sadece Vianna tarafından verilen Sertifika Sınıfları:

Vianna'nın Gökkuşağı Çocukları Eğitmen Kursu

Vianna'nın DNA 2 Eğitmen Kursu

Vianna'nın DNA 2 İleri Seviye Eğitmen Kursu

Vianna'nın Sezgisel Anatomi Eğitmen Kursu

Thetahealing Hastalıklar ve Bozukluklar Sertifika Sınıfı

Thetahealing Dünya İlişkileri Sertifika Sınıfı

DNA 3

Kitaplar

ThetaHealing (Nemesis Kitap, 2017)

İleri ThetaHealing (Nemesis Kitap, 2017)

Thetahealing Hastalık ve Bozukluklar (Hay House, 2011)

Duanın Kanatlarının Üstünde (Hay House, 2012)

Ders Notları

Thetahealing Uygulayıcı Ders Notları

Vianna'nın Eğitmen Ders Notları

Vianna'nın DNA 2 İleri Seviye Ders Notları

Vianna'nın DNA 2 İleri Seviye Eğitmen Notları

Vianna'nın Sezgisel Anatomi Ders Notları

Vianna 'nın Sezgisel Anatomi Eğitmen Notları

Vianna'nın Gökkuşağı Çocukları Genç Çocukların Ders Notları

Vianna'nın Gökkuşağı Çocukları Genç Yetişkin Ders Notları

Vianna'nın Gökkuşağı Çocukları Eğitmen Notları

Thetahealing Yaratım Bereket Ders Notları

Thetahealing Sınıfları ders programları ile ilgili daha fazla bilgi için arayarak bilgi alabilirsiniz ((208) 524-0808). Adres şu şekildedir; Thetahealing Institute of Knowledge, Ammon, Idaho 83406, USA.

Email: vianna@thetahealing.com
website: www.thetahealing.com

YAZAR HAKKINDA

Vianna Stibal genç bir büyükanne, sanatçı ve yazardır. Yardıma ihtiyacı olan kişilere duyduğu şefkat ve merhamet, onun iyileştirici ve yol gösterici bir öğretmen olarak adlandırılmasına sebep olmuştur. Yaratıcıyla nasıl bağ kurulacağını öğrendikten sonra ve Thetahealing adı verilen bu özgün tekniği hayata geçirme ve yaratım yapma yetisini elde ettikten sonra bunları, elinden geldiği kadar çok insanla paylaşması gerektiğini kalpten hissetmiştir. Onun insan vücudunun içini netlikle görebilmesi ve bu denli hızla iyileştirmeye şahit olması, Vianna'nın Yaratıcı'ya ve insanlığa duyduğu sevgi ve şükrandan ötürüdür.

Vianna'nın vücudun sistemleri hakkında bildiği ansiklopedik bilgiler ve kendi tecrübeleri sayesinde kazandığı insan psikolojisi üzerindeki derin anlayışı, aynı zamanda ona Yaratıcı tarafından bahşedilen öngörü Vianna'yı bu olağanüstü tekniğin harika bir uygulayıcısı hâline getiriyor. Başarıyla üstesinden geldiği medikal bulgular arasında; Hepatit C, Epstin-bar Virüsü, AIDS, Herpes, çeşitli kanser vakaları ve daha birçok hastalık ve genetik bozukluklar vardır.

Vianna, Thetahealing tekniğinin öğretilebilir olmasının yanı sıra bu tekniğin kesinlikle öğretilmesi gerektiğini savunuyor. Dünyanın her yerinde her ırktan inançtan ve dinden insanlara bu teknik hakkında seminerler veriyor. Dünya üzerinde 25 ülkede çalışan öğretmenleri eğitmiştir ama Vianna bununla yetinmiyor! Bu iyileştirme paradigmasını dünyanın her yerine yaymaya kendini adamış durumdadır.